Tucholsky
Wagner
Zola
Scott
Fonatne Sydow
Freud
Schlegel

Turgenev
Wallace

Twain
Walther von der Vogelweide
Fouqué
Friedrich II. von Preußen

Weber
Freiligrath
Frey

Fechner
Fichte
Weiße Rose
von Fallersleben
Kant
Ernst
Richthofen
Frommel

Engels
Fielding
Hölderlin

Fehrs
Faber
Flaubert
Eichendorff
Tacitus
Dumas

Feuerbach
Maximilian I. von Habsburg
Fock
Eliasberg
Zweig
Ebner Eschenbach

Ewald
Eliot
Vergil

Goethe
Elisabeth von Österreich
London

Mendelssohn
Balzac
Shakespeare

Trackl
Lichtenberg
Rathenau
Dostojewski
Ganghofer

Stevenson
Hambruch
Doyle
Gjellerup

Mommsen
Tolstoi
Lenz

Thoma
Hanrieder
Droste-Hülshoff

Dach
Verne
von Arnim
Hägele
Hauff
Humboldt

Reuter
Rousseau
Hagen

Karrillon
Garschin
Hauptmann
Gautier

Defoe
Baudelaire

Damaschke
Descartes
Hebbel

Hegel
Kussmaul
Herder

Wolfram von Eschenbach
Dickens
Schopenhauer

Bronner
Darwin
Melville
Grimm Jerome
Rilke
George

Campe
Horváth
Aristoteles
Bebel
Proust

Bismarck
Vigny
Barlach
Voltaire
Federer
Herodot

Gengenbach
Heine

Storm
Casanova
Tersteegen
Gilm
Grillparzer
Georgy

Chamberlain
Lessing
Langbein
Gryphius

Brentano
Lafontaine

Strachwitz
Claudius
Schiller
Kralik
Iffland
Sokrates

Katharina II. von Rußland
Bellamy
Schilling

Gerstäcker
Raabe
Gibbon
Tschechow

Löns
Hesse
Hoffmann
Gogol
Wilde
Gleim
Vulpius

Luther
Heym
Hofmannsthal
Klee
Hölty
Morgenstern

Roth
Heyse
Klopstock
Goedicke

Luxemburg
Puschkin
Homer
Kleist

La Roche
Horaz
Mörike

Machiavelli
Kierkegaard
Kraft
Kraus
Musil

Navarra Aurel
Musset

Nestroy
Marie de France
Lamprecht
Kind
Kirchhoff
Hugo
Moltke

Laotse
Ipsen
Liebknecht

Nietzsche
Nansen

von Ossietzky
Marx
Lassalle
Gorki
Klett
Ringelnatz

May
vom Stein
Lawrence
Leibniz

Petalozzi
Knigge
Irving

Platon
Pückler
Michelangelo
Kock
Kafka

Sachs
Poe
Liebermann
Korolenko

de Sade Praetorius
Mistral
Zetkin

Der Verlag tredition aus Hamburg veröffentlicht in der Reihe **TREDITION CLASSICS** Werke aus mehr als zwei Jahrtausenden. Diese waren zu einem Großteil vergriffen oder nur noch antiquarisch erhältlich.

Symbolfigur für **TREDITION CLASSICS** ist Johannes Gutenberg (1400 — 1468), der Erfinder des Buchdrucks mit Metalllettern und der Druckerpresse.

Mit der Buchreihe **TREDITION CLASSICS** verfolgt tredition das Ziel, tausende Klassiker der Weltliteratur verschiedener Sprachen wieder als gedruckte Bücher aufzulegen – und das weltweit!

Die Buchreihe dient zur Bewahrung der Literatur und Förderung der Kultur. Sie trägt so dazu bei, dass viele tausend Werke nicht in Vergessenheit geraten.

Drei Beichtreden

Søren Kierkegaard

Impressum

Autor: Søren Kierkegaard
Umschlagkonzept: toepferschumann, Berlin

Verlag: tredition GmbH, Hamburg
ISBN: 978-3-8424-1228-6
Printed in Germany

Rechtlicher Hinweis:
Alle Werke sind nach unserem besten Wissen gemeinfrei und unterliegen damit nicht mehr dem Urheberrecht.

Ziel der TREDITION CLASSICS ist es, tausende deutsch- und fremdsprachige Klassiker wieder in Buchform verfügbar zu machen. Die Werke wurden eingescannt und digitalisiert. Dadurch können etwaige Fehler nicht komplett ausgeschlossen werden. Unsere Kooperationspartner und wir von tredition versuchen, die Werke bestmöglich zu bearbeiten. Sollten Sie trotzdem einen Fehler finden, bitten wir diesen zu entschuldigen. Die Rechtschreibung der Originalausgabe wurde unverändert übernommen. Daher können sich hinsichtlich der Schreibweise Widersprüche zu der heutigen Rechtschreibung ergeben.

Text der Originalausgabe

Sören Kierkegaard

Die Lilien auf dem Felde

Drei Beichtreden

Vorwort

zu den ersten erbaulichen Reden vom 5. Mai 1843

Ungeachtet dies kleine Buch nur zu sein wünscht was es ist, ein Ueberfluß, und nur begehrt im Verborgenen zu bleiben gleichwie es in der Stille entstand, habe ich doch nicht Abschied von ihm genommen ohne eine fast abenteuerliche Hoffnung. Insofern es durch die Ausgabe in uneigentlichem Sinn eine Wanderung antritt, ließ ich ihm eine kleine Weile mein Auge folgen. Ich sah da, wie es seinen Gang ging auf einsamen Wegen oder einsam auf den vielbetretenen. Nach einem und dem andern kleinen Mißverständnis, wo es durch eine flüchtige Aehnlichkeit betrogen wurde, traf es endlich jenen Einzelnen, den ich mit Freude und Dankbarkeit meinen Leser nenne, jenen Einzelnen, den es sucht, nach dem es gleichsam seine Arme ausstreckt, jenen Einzelnen, der wohlwollend genug ist sich finden zu lassen, wohlwollend genug es aufzunehmen, ob es ihn im Augenblick der Begegnung froh und getrost findet oder müde und gedankenvoll. – Insofern es dagegen in eigentlicherem Sinn bei der Ausgabe in der Stille bleibt ohne von der Stelle zu kommen, ließ ich eine kleine Weile mein Auge auf ihm ruhen. So stand es da wie eine unbedeutende kleine Blume in der Verborgenheit des großen Waldes, nicht gesucht wegen ihrer Pracht noch wegen ihres Duftes oder ihrer Nährkraft. Aber ich sah auch oder glaubte zu sehen, wie der Vogel, den ich meinen Leser nenne, plötzlich sie erblickte, auf seinen Schwingen sich herabließ, sie abpflückte und mit sich nahm. Und da ich dies gesehen, sah ich nichts mehr.

S.K.

Vater im Himmel! Was man in der Gesellschaft der Menschen und besonders im Menschengewimmel so schwer zu wissen bekommt, und was auch so leicht wieder vergessen wird, wenn man es zu wissen bekam – was es heißt, ein Mensch zu sein, und welches die Aufgabe für uns Menschen ist: daß wir dies lernen möchten von der Lilie und dem Vogel; daß wir es lernen möchten, wenn nicht auf einmal und, ganz, so doch etwas davon und nach und nach, daß wir diesmal vom Vogel und von der Lilie lernen möchten: Schweigen, Gehorsam und Freude!

I.

Sehet die Vögel unter dem Himmel an; schauet die Lilien auf dem Felde!

Du sagst vielleicht mit dem Dichter: o daß ich ein Vogel wäre, wie der freie Vogel, der in lustiger Fahrt weit weit fortfliegt, dem Himmel so nahe, zu fernen fernen Fluren – während mich Sorgen und Widerwärtigkeiten und Leiden täglich merken lassen, wie ich an die Stelle gebunden und genagelt bin. O daß ich ein Vogel wäre, frei wie der Vogel, frei von allen Rücksichten wie der kleine Singvogel, der demütig singt, ob auch Niemand auf ihn hört, oder der stolz singt, ob auch Niemand auf ihn hört! Ach, während ich keinen Augenblick und Nichts für mich selbst habe, sondern tausend Rücksichten nehmen muß. O daß ich eine Blume wäre, wie die Blume auf dem Felde, glücklich in mich selbst versunken und weiter nichts – ach, während ich auch in meinem Herzen diesen Zwiespalt des Menschenherzens fühle und weder in Selbstliebe mit Allem brechen, noch auch liebevoll Alles opfern kann!

So spricht der Dichter. Wenn man flüchtig darauf hört, klingt es fast, als sagte er dasselbe, wie das Evangelium, da er ja in den stärksten Ausdrücken das Glück des Vogels und der Lilie preist. Aber höre nur weiter; er sagt: daher ist es beinahe wie eine Grausamkeit von dem Evangelium, daß es die Lilie und den Vogel preist und sagt: Du sollst so sein – ach während ich so sehnsüchtig wünsche, daß ich wie der Vogel unter dem Himmel wäre und wie die Lilie auf dem Felde. Aber es ist ja eine Unmöglichkeit so zu werden, und deßhalb ist das Verlangen gerade so innerlich, so wehmütig und doch so brennend in mir. Wie grausam von dem Evangelium, daß es zu mir sagt: Du *sollst* so sein, während ich nur allzu tief fühle, daß ich es nicht bin und nicht sein kann.«

Und so geht es dem Dichter immer mit dem Evangelium; es geht ihm ebenso, wenn das Evangelium sagt: werdet wie die Kinder! O daß ich ein Kind wäre, sagt der Dichter, unschuldig und froh als ein Kind – ach, während ich früh alt und schuldig und traurig geworden bin!

Wenn er an den Vogel und die Lilie denkt, so möchte er weinen; ach daß ich wäre wie der Vogel, von dem ich als Kind im Bilderbuch las, ach daß ich wäre wie die Blume, die in meiner Mutter Garten stand! Aber wollte man mit dem Evangelium zu ihm sagen: es ist Ernst, der Vogel ist im Ernst der Lehrmeister, so müßte der Dichter lachen; und er scherzt über den Vogel und die Lilie so witzig, daß er uns Alle zum Lachen bringt, selbst den ernsthaftesten Menschen, der je gelebt hat; aber das Evangelium bleibt unbewegt. So ernsthaft ist das Evangelium; alle Wehmut des Dichters verändert es nicht, während sie doch selbst den ernsthaftesten Menschen bewegt, daß er einen Augenblick nachgiebt und in des Dichtes Gedanken eingeht und mit ihm seufzt und sagt: Lieber, ist es wirklich eine Unmöglichkeit für dich, ja so darf ich auch nicht sagen: »Du sollst«! Aber das Evangelium darf dem Dichter befehlen, daß er *soll* wie ein Vogel sein. Und so ernst ist das Evangelium, daß auch der unwiderstehlichste Einfall des Dichters es nicht zum Lächeln bringt.

Du sollst wieder Kind werden, und zu dem Zweck mußt Du das Wort verstehen können und wollen, das wie für Kinder berechnet ist, und welches jedes Kind versteht, das Wort: Du *sollst,* und du sollst es verstehen, wie das Kind es versteht. Das Kind fragt niemals nach Gründen, das darf das Kind nicht, das braucht das Kind auch nicht. Für das Kind ist es Grund genug, daß es soll; alle anderen Gründe zusammen sagen nicht so viel wie dieser eine. Und das Kind sagt niemals: ich kann nicht. Das darf das Kind nicht, und es ist auch nicht wahr – das Eine entspricht ganz dem Anderm; grade weil das Kind nicht darf sagen »ich kann nicht«, deshalb ist es auch nicht wahr, daß es nicht könnte; denn wenn man nicht anders darf, dann muß man ja können, das ist ganz gewiß – es kommt bloß darauf an, daß einem ganz gewiß ist: man darf nicht anders, dann kann man auch. Und das Kind sucht niemals Ausflüchte oder Entschuldigungen; es versteht, daß es keinen Versteck giebt weder im Himmel noch auf Erden, nicht in der Stube, noch im Garten vor diesem »Du sollst«. Und wenn man gewiß weiß, daß es keinen solchen Versteck giebt, so giebt es auch keine Ausflucht oder Entschuldigung, und giebt es keine, so sucht man natürlich auch keine und thut also, was man soll. Und das Kind braucht niemals lange Ueberlegung; denn wenn es soll, so ist ja keine Gelegenheit zum Ueberlegen. Ja, wollte man ihm auch eine Ewigkeit zum Ueberlegen geben, das Kind würde sie nicht brauchen, das Kind würde sagen: wozu all die Zeit, wenn ich doch soll. Denn was das Kind soll, das soll das Kind, das steht fest und hat gar nichts mit Ueberlegen zu thun.

So laß uns denn nach der Anweisung des Evangeliums Lilie und Vogel im Ernst als Lehrmeister betrachten. Im Ernst, denn das Evangelium ist nicht so überspannt geistlich, daß es Vogel und Lilie nicht brauchen könnte, aber es ist auch nicht so irdisch, daß es auf Lilie und Vogel nur wehmütig oder lächelnd sehen könnte. Laß uns von Lilie und Vogel als Lehrmeistern lernen

Schweigen.

Denn es ist zwar die Sprache, die den Menschen vor den Tieren auszeichnet und wenn man will noch viel mehr vor der Lilie. Aber deswegen kann Schweigen doch eine Kunst sein und keine geringe Kunst. Ja, gerade weil der Mensch reden kann, deswegen ist Schweigen eine Kunst, und grade weil sein Vorzug ihn so leicht versucht, ist Schweigen eine große Kunst. Aber das kann man von den verschwiegenen Lehrmeistern lernen, von der Lilie und dem Vogel.

»Suchet zuerst Gottes Reich und seine Gerechtigkeit«. Aber was will das sagen, was habe ich zu tun, wenn ich nach Gottes Reich suchen und trachten soll? Soll ich sehen ein Amt zu bekommen, das meinen Gaben und Kräften entspricht, um darin zu wirken? Nein *zuerst* sollst Du Gottes Reich suchen. Soll ich da all mein Vermögen den Armen geben? Nein, *zuerst* sollst Du Gottes Reich suchen. Soll ich da ausgehen und diese Lehre in der Welt verkündigen? Nein, du sollst zuerst Gottes Reich suchen. Aber dann soll ich ja eigentlich nichts thun? Ja, allerdings, es ist in gewissem Sinn nichts; Du sollst Dich im tiefsten Sinne zu Nichts machen, Nichts vor Gott werden, schweigen lernen; in diesem Schweigen ist der Anfang, welcher ist, *zuerst* Gottes Reich suchen.

Der Anfang ist die Kunst still zu *werden*; denn still zu sein, wie die Natur es ist, das ist keine Kunst. Und so in tiefstem Sinn still zu werden, still vor Gott, das ist der Anfang der Gottesfurcht; denn wie die Furcht Gottes der Weisheit Anfang ist, so ist Stille sein der Gottesfurcht Anfang. Und wie Furcht Gottes mehr ist als Anfang der Weisheit, selbst Weisheit ist, so ist Stille sein mehr als Anfang der Gottesfurcht, ist selbst Gottesfurcht. In diesem Schweigen verstummen gottesfürchtig die vielen Gedanken des Wünschens und Begehrens.

Gott ist im Himmel, der Mensch ist auf Erden; darum können sie nicht gut zusammen reden. Gott weiß alle Dinge, aber das Wissen des Menschen ist nur Geschwätz; darum können sie nicht gut zusammen reden. Gott ist die Liebe, der Mensch ist, wie man zu dem Kinde sagt, ein kleiner Narr, selbst wenn es sich um sein eigen Wohl handelt; darum können sie nicht gut zusammen reden. Nur in viel Furcht und Zittern kann der Mensch mit Gott reden; in viel Furcht und Zittern. Aber in viel Furcht und Zittern zu reden, ist aus anderem Grunde schwierig; denn wie die Angst macht, daß die Stimme stockt, so schafft wol auch viel Furcht und Zittern, daß die Rede in Schweigen verstummt. Das weiß der rechte Beter, und wer dies noch nicht war, der lernte es vielleicht gerade im Gebet. Da war etwas, das lag ihm so sehr am Herzen; die Sache war ihm so sehr wichtig, und es lag ihm so viel daran, sich für Gott so recht verständlich zu machen. Er sorgte, er möchte etwas vergessen haben, ach, und dann möchte Gott nicht von selbst daran denken: deshalb wollte er seinen Sinn sammeln um recht innerlich zu beten. Und was geschah ihm dann, wenn er anders innerlich betete? Ihm geschah etwas Verwunderliches. Als sein Gebet immer andächtiger und innerlicher wurde, da hatte er immer weniger und weniger zu sagen; zuletzt wurde er ganz still. Er wurde still, ja, was womöglich ein noch größerer Gegensatz zum Reden ist, er wurde ein Hörer. Er meinte erst, beten sei reden; er lernte, daß beten nicht bloß ist schweigen, sondern hören. Und so ist es; beten heißt nicht sich selbst reden hören, beten heißt stille werden und stille sein und harren bis der Betende Gott hört.

Daher erzieht jenes Wort des Evangeliums die Menschen so, daß es ihnen gleichsam den Mund bindet, indem es auf jede einzelne Frage, ob er dies oder das thun solle, antwortet: nein, Du sollst *zuerst* Gottes Reich suchen. Daher kann man auch dieses Wort umschreiben, indem man sagt: Du sollst beginnen mit Beten – weil das Gebet, wenn es innerlich wird, Schweigen schafft. Suche zuerst Gottes Reich, das ist: bete! Wenn Du fragst, soll ich dies tun, und suche ich damit Gottes Reich – ja wenn Du auch alles Einzelne aufzähltest, es muß geantwortet werden: nein, Du sollst zuerst Gottes

Reich suchen. Aber beten, nämlich recht beten und still werden, das ist zuerst Gottes Reich suchen.

Dieses Stillesein kannst Du bei Lilie und Vogel lernen. Ihr Stillesein ist freilich keine Kunst, aber wenn Du stille wirst wie Lilie und Vogel, so beginnst Du *zuerst* Gottes Reich zu suchen.

Wie feierlich ist es nicht draußen unter Gottes Himmel bei der Lilie und dem Vogel, und warum? Weil dort Stille ist, und es ist auch etwas Göttliches in dieser Stille. Draußen ist Stille; und nicht bloß wenn Alles schweigt in der stillen Nacht, sondern auch am Tage wenn Alles rauscht und klingt und wie ein Meer von Tönen ist, ist doch Stille draußen. Der Wald ist still, selbst wenn er flüstert, ist er doch schweigsam; denn die Bäume halten einander das Gelübde: »es bleibt unter uns«, selbst wo sie am dichtesten stehen. Das Meer ist stumm; selbst wenn es lärmend rast, es ist doch stumm. Im ersten Augenblick hörst Du vielleicht falsch und hörst es lärmen. Wenn Du hastig bist und mit diesem Bescheide heimgehst, so thust Du dem Meere Unrecht. Wenn Du Dir dagegen Zeit nimmst und genauer hinhörst, da hörst Du – verwunderlich – da hörst Du die Stille; denn die Einförmigkeit ist doch auch Stille. Wenn am Abend das Schweigen über der Landschaft ruht, und Du von der Wiese her das ferne Brüllen hörst oder die Stimme der Hunde vom fernen Bauerhof, dann kann man nicht sagen, daß diese Laute das Schweigen störten, nein sie gehören mit zu dem Schweigen, sie sind im heimlichen Einverständnis; mit dem Schweigen und vermehren es.

Und laß uns nun näher die Lilie und den Vogel betrachten, von welchen wir lernen sollen. Der Vogel *schweigt* und *wartet*. Er weiß oder richtiger er glaubt voll und fest, daß Alles zu seiner Zeit geschieht, deshalb wartet der Vogel; er weiß, daß ihm nicht zukommt Tag oder Stunde zu wissen, deshalb schweigt er. Es wird schon geschehen zur rechten Zeit, sagt der Vogel; doch nein, das sagt der Vogel nicht, er schweigt; aber sein Schweigen sagt, daß er es glaubt, deshalb eben schweigt er und wartet. Wenn dann der Augenblick, kommt, so versteht der stille Vogel, daß der Augenblick da ist; er benutzt ihn und wird niemals zu Schanden. So auch mit der Lilie, sie schweigt und wartet. Sie fragt nicht ungeduldig, »wann kommt der Frühling?« denn sie weiß, daß er zu seiner Zeit kommt, sie weiß, daß ihr selbst am wenigsten dienlich wäre, wenn sie die Zeiten des Jahres zu bestimmen hätte. Sie sagt nicht »wann bekommen wir endlich Regen?« oder »wann kommt denn Sonnenschein? oder »nun haben wir zu viel Regen« oder »nun ist die Hitze zu groß«, sie fragt nicht im Voraus, wie der Sommer werden wird, wie lang oder wie kurz: nein sie schweigt und wartet – so einfältig sie ist, aber betrogen wird sie doch niemals; das kann ja auch nur der Klugheit begegnen, nicht der Einfalt; die betrügt nicht und wird nicht betrogen. So kommt dann der Augenblick, und die stille Lilie versteht, daß nun der Augenblick da ist, und sie benutzt ihn. O, ihr tiefsinnigen Lehrmeister der Einfalt! Nur wenn man schweigt, trifft man den Augenblick. Und deshalb versteht wol auch ein Mensch so selten wenn der Augenblick da ist, und versteht ihn so selten recht zu benutzen, weil er nicht schweigen kann. Er kann nicht stille sein und harren, daraus läßt sich vielleicht erklären, wenn für ihn der Augenblick gar nicht kommt. Denn der Augenblick schickt keinen Boten voraus, der seine Ankunft meldet, er kommt auch nicht mit Lärm oder Geschrei sondern mit dem leichten Schritt des Plötzlichen; darum muß man ganz still sein, wenn man sein Nahen merken soll. Aber doch hängt Alles vom Augenblick ab. Und es ist gewiß das Unglück im Leben der weitaus meisten Menschen, daß sie niemals den Augenblick vernahmen, daß in ihrem Leben das Ewige und das Zeitliche immer auseinander gingen; und warum? weil sie nicht konnten stille sein und harren.

Der Vogel *schweigt* und *leidet*. Wie viel Herzenssorge er auch hat, er schweigt. Frei von Leiden ist der Vogel nicht, aber der stille Vogel macht sich frei von der mißverstehenden Theilnahme der Andern, die das Leiden schwerer macht, von dem vielen Reden über das Leiden, welches das Leiden länger macht, und von der Sünde der Ungeduld und der Verzagtheit, welche schlimmer ist als das Leiden. Denn glaube nicht, daß es doch bei dem Vogel nur falscher Schein sei, wenn er still leidet: glaube nicht daß er wol gegen Andere schweige, aber in seinem Innern nicht schweige, sondern über sein Schicksal klage, Gott und die Menschen anklage und »das Herz in Sorge sündigen lasse«. Nein der Vogel schweigt und leidet. Ach das tut der Mensch nicht. Aber warum erscheint wohl das menschliche Leiden so viel schlimmer als das Leiden des Vogels? Ob darum, daß der Mensch reden kann? Nein, nicht deswegen, denn das ist ja ein Vorzug, sondern deswegen, weil der Mensch nicht kann stille sein. Der Ungeduldige und der Verzweifelnde sagen wol »daß ich doch eine Stimme hätte wie der Sturm, um all mein Leiden aussagen zu können, wie ich es fühle«; aber das wäre ein gar thörichtes Mittel, denn in demselben Maße würden sie es nur stärker fühlen. Nein aber wenn Du schweigen könntest, wenn Du stille wärest wie der Vogel, dann sollte Dein Leiden wol geringer werden.

Und wie der Vogel so die Lilie, sie schweigt. Ob sie auch steht und leidet während sie welkt, sie schweigt. Verstellen kann sie sich nicht, so wenig wie ein unschuldiges Kind – das wird auch nicht verlangt, und es ist ihr Glück, daß sie es nicht kann, denn wahrlich, die Kunst sich zu verstellen, wird teuer gekauft. Sie kann sich nicht verstellen, sie kann nicht dafür, daß sie die Farbe wechselt und erbleicht und damit verrät, daß sie leidet; aber sie ist stille. Sie würde gern sich aufrecht halten, um zu verbergen, was sie leidet, doch dazu hat sie nicht die Kraft und nicht die Gewalt über sich selbst, ihr Haupt neigt sich matt und kraftlos, der Vorübergehende versteht, was das bedeutet, wenn anders einer auf sie achtet – aber die Lilie schweigt. Sie nimmt das Leiden still hin wie es ist, aber sie macht es nicht größer. Durch ihr Schweigen bleibt das Leiden wie es ist, und dieses Schweigen kannst Du von Vogel und Lilie lernen.

Draußen bei der Lilie und dem Vogel ist Schweigen. Und was drückt dieses Schweigen aus? Es spricht aus: Ehrerbietung vor Gott, daß er es ist, der waltet, und er allein, dem Weisheit und Verstand zukommt. Und grade weil dieses Schweigen Ehrfurcht vor Gott ist und Anbetung ist, soweit solche in der Natur sein kann, deshalb ist dies Schweigen so feierlich. Und weil dies Schweigen so feierlich ist, deshalb vernimmt man Gott in der Natur – was Wunder auch, wenn alles aus Ehrerbietung vor ihm schweigt! Selbst wenn er nicht redet; daß Alles aus Ehrfurcht vor ihm schweigt, wirkt ja auf einen, als ob er redete.

So spricht wohl auch der Dichter, aber nur das Evangelium kann Dich lehren, daß es Ernst ist, daß Vogel und Lilie im Ernst Deine Lehrmeister sein *sollen*, daß Du ihnen nacharten, von ihnen lernen sollst, daß Du sollst still werden wie Lilie und Vogel.

Und schon dies ist ja Ernst, was Du draußen bei Lilie und Vogel vernimmst, *daß Du vor Gott bist* – was so oft im Gespräch mit andern Menschen ganz vergessen wird. Denn wenn nur Zwei zusammenreden, noch mehr wenn wir Zehn oder mehr sind, wird so leicht vergessen, daß Du und ich, wir Zwei oder wir Zehn vor Gott sind. Aber der Lehrmeister, die Lilie, ist tiefsinnig. Sie läßt sich gar nicht mit Dir ein, sie schweigt, und durch ihr Schweigen giebt sie Dir zu verstehen, daß Du vor Gott bist – und daß Du auch in Ernst und Wahrheit still vor Gott werden mußt.

Und still vor Gott wie Lilie und Vogel *sollst* Du werden. Du sollst nicht sagen:»Vogel und Lilie können leicht schweigen, die können ja nicht reden.« Das sollst Du nicht sagen, Du sollst überhaupt nichts sagen und die Unterweisung im Schweigen nicht stören. Du sollst vor Gott Dir selbst nicht wichtiger sein, als eine Lilie oder ein Vogel – doch wenn Du im Ernste vor Gott bist, wird das Letzte aus dem Erstem folgen. Und ob Du auch in der Welt das Erstaunlichste ausführen wolltest: Du sollst Lilie und Vogel als Deine Lehrmeister anerkennen und vor Gott Dir selbst nicht wichtiger werden als die Lilie und der Vogel. Du sollst von ihnen lernen, alle deine Pläne und Thaten vor Gott einfältig zusammenzufalten als Etwas das nicht der Rede wert ist. Und wenn Dein Leiden so qualvoll wäre, daß dergleichen noch nie erlebt wäre: Du sollst die Lilie und den Vogel als Deine Lehrmeister anerkennen und Dir selbst nicht wichtiger werden als Lilie und Vogel sich sind in ihren kleinen Sorgen.

O daß es doch dem Evangelium glücken möchte, mit Hilfe der Lilie und des Vogels Dich und mich ganz stille vor Gott zu machen! Daß Du in Stille sein Dich selbst vergäßest, Deinen eigenen Namen, gleichviel ob er berühmt oder unbedeutend oder unwert ist, um in Stille zu beten:»geheiligt werde *Dein* Name!« Daß Du in Stille sein möchtest Dich selbst vergessen, Deine Pläne, die großen Alles umfassenden Plane, oder die kleinen Pläne für Dein Leben und für Deine Zukunft, um in Schweigen vor Gott zu beten:»Dein Reich komme!« Daß Du in Stille sein Deinen Willen, Deinen Eigensinn vergessen möchtest, um still vor Gott zu beten:»Dein Wille geschehe!« Ja, wenn Du von der Lilie und dem Vogel lernen könntest, ganz still vor Gott zu sein, wozu sollte Dir dann das Evangelium *nicht* helfen können? dann wäre Nichts Dir unmöglich. Aber wenn Dir das Evangelium mit Hilfe des Vogels nur Stille sein lehrte, wie wäre Dir nicht dann schon geholfen! Denn wie gesagt, ist Gottesfurcht der Weisheit Anfang, so ist Stille sein der Gottesfurcht Anfang. Gehe zur Ameise und werde weise, sagt Salomo; gehe zum Vogel und zur Lilie und lerne Schweigen, sagt das Evangelium. »Trachtet am *ersten* nach dem Reich Gottes und nach seiner Gerechtigkeit.« Aber das Trachten nach dem Reiche Gottes geschieht grade in Stille sein, wie Lilie und Vogel stille sind. Lilie und Vogel suchen Gottes Reich, gar nichts anderes, all das Andere fällt ihnen zu. Aber warum sagt denn das Evangelium: suchet *zuerst* Gottes Reich, so daß es klingt, als sollte man nachher Anderes suchen, während doch offenbar seine Meinung ist, daß einzig und allein Gottes Reich gesucht werden soll? Das kommt wol daher, daß Gottes Reich nur gesucht werden kann, wenn es zuerst gesucht wird; wer es nicht zuerst sucht, der sucht es gar nicht. Und nun läßt sich das Evangelium mild und liebreich zu dem Menschen herab und redet so stufenweise zu ihm, um ihn zum Guten zu locken. Wenn das Evangelium gleich sagte: Du sollst einzig und alleine Gottes Reich suchen, so würde die Forderung dem Menschen zu schwer erscheinen, er würde halb mißmutig, halb angst und bange sich zurück ziehen. Aber nun fügt sich das Evangelium etwas nach ihm. Der Mensch hat so manche Dinge vor Augen, die er suchen will – da wendet sich das Evangelium zu ihm und sagt: »suche zuerst Gottes Reich.« So denkt der Mensch: nun ja, wenn ich nachher Anderes suchen darf, will ich wol den Anfang mit dem Reich Gottes machen. Macht er damit den Anfang, so weiß das Evangelium schon, was darauf folgt, daß er nämlich durch dies Suchen so befriedigt und gesättigt wird, daß er rein vergißt Anderes zu suchen, ja auch gar nichts Anderes zu suchen wünscht. Es kommt so, daß er einzig und allein Gottes Reich sucht. So verfährt das Evangelium, und so redet man ja auch zu dem Kinde. Denk Dir ein Kind, das recht hungrig ist. Wenn die Mutter das Essen auf den Tisch setzt, fehlt nicht viel so weint das Kind vor Unmut und sagt: »was soll das Bischen nutzen; wenn ich das gegessen habe, bin ich noch grade so hungrig«. Vielleicht wird das Kind so mißmutig, daß es gar nicht anfangen will zu essen »weil das Bischen doch nichts hilft.« Aber die Mutter, welche weiß, daß das Ganze ein Mißverständniß ist, sagt: »ja, ja, mein kleiner Freund, iß nur erst das, dann kannst Du schon noch mehr haben.« So greift das Kind zu, und was geschieht? Das Kind ist satt, ehe die Hälfte aufgegessen ist. Hätte die Mutter das Kind gleich zurechtgewiesen und gesagt: »das ist sogar mehr als genug,« so hätte sie zwar nicht Unrecht gehabt, aber sie hätte kein Beispiel der erziehenden Weisheit gegeben, wie sie nun that. So bei dem Evangelium. Es ist ihm nicht das wichtigste zurechtzusetzen und zu schelten; ihm ist das wichtigste die Menschen zum zugreifen zu bringen. Darum sagt es: »suchet zuerst.« Damit stopft es so zu sagen, allen Einwendungen des Menschen den Mund, bringt ihn zum Schweigen und macht, daß er wirklich zuerst dies sucht. Dann sättigt dies Suchen den Menschen so, daß er einzig und allein Gottes Reich sucht.

Suche zuerst Gottes Reich, das ist, werde wie die Lilie und der Vogel, werde ganz stille vor Gott: so wird euch solches Alles zufallen.

II.

»Niemand kann zwei Herren dienen, entweder er wird den
einen hassen und den andern lieben, oder er wird dem einen anhangen und den andern verachten.«

Draußen bei der Lilie und dem Vogel, in diesem feierlichen
Schweigen vor Gott, da ist offenbar, daß es ein Entweder – Oder
giebt: entweder *Gott* – oder .... ja das Uebrige ist eigentlich gleichgiltig; was auch ein Mensch wählen mag, wenn er Gott nicht wählt, so
hat er die Verlorenheit gewählt. Also: entweder *Gott*. Du siehst, es
fällt aller Nachdruck auf Gott; daß er in der Wahl ist, macht die
Wahl so entscheidend und macht sie zu einem wirklichen Entweder
– Oder. Könnte ein Mensch leichtsinnig oder schwermütig meinen,
es sei doch noch zwischen drei Dingen zu wählen, der ist verloren,
oder der hat Gott verloren.

Also: Entweder – Oder; entweder Gott, und zwar wie das Evangelium es erklärt, entweder Gott lieben *oder* ihn hassen. Ja wenn es
um Dich lärmt, oder wenn Du in Zerstreuungen bist, da scheint ein
allzu großer Abstand zwischen Lieben und Hassen zu sein, als daß
man sie so nahe zusammenbringen dürfte in einen einzigen Atem-
zug, in einen einzigen Gedanken. Aber im luftleeren Räume fällt ja
ein Körper mit unendlicher Hast, so macht auch die Stille draußen
bei Lilie und Vogel, diese feierliche Stille vor Gott, daß diese beiden
Gegensätze im Nu an einander stoßen: entweder lieben oder hassen. Da ist kein Drittes. – Entweder Gott; und wie es das Evangelium erklärt, entweder ihm anhangen *oder* ihn verachten. Im Handel
und Wandel, im Verkehr mit den Menschen da scheint gar nicht
solche Wahl zu sein, ob ich Einem anhangen oder ihn verachten
will. »Ich brauche mit dem Menschen nicht umzugehen« sagt man
»aber daraus folgt ja nicht, daß ich ihn verachte, auf keine Weise.«
Und so ist es auch im Verkehr mit den Vielen, mit denen man ge-
sellschaftlich umgeht ohne wesentliche Innerlichkeit mit mehr oder
weniger Gleichgiltigkeit. Aber je kleiner die Anzahl wird und je
innerlicher das Verhältniß wird, um so mehr kommt das Entweder
– Oder hervor. Nimm bloß zwei Liebende; bei ihnen gilt schon:
entweder einander anhangen oder einander verachten. Und nun in
der Stille vor Gott bei der Lilie und dem Vogel, wo also gar Nie-

mand da ist, wo für dich gar kein anderer Umgang ist als der mit Gott, ja da gilt es, entweder ihm anhangen oder ihn verachten. Die beiden Liebenden sind einander so nahe, daß der Eine sich nicht zu einem Dritten halten kann, ohne den Andern zu verachten. Aber Gott ist Dir noch näher, unendlich näher als die beiden Liebenden einander sind, er, Dein Schöpfer und Erhalter, er, in dem wir leben und weben und sind, er, von dessen Gnade wir Alles haben. Und er selbst bringt uns in diese Wahl und sagt: entweder mich ... entweder hältst Du Dich zu mir und unbedingt in Allem oder Du verachtest mich. Und anders kann ja auch Gott nicht von sich selbst reden. Er kann doch nicht reden, als wäre er nicht der Einzige und unbedingt Alles, sondern nur Etwas, das auch mit in Betrachtung zu kommen wünschte! Dann wäre er ja nicht Gott.

In der Stille bei Lilie und Vogel ist dies Entweder – Oder, entweder Gott lieben oder – ihn hassen, entweder ihm anhangen oder – ihn verachten.

Was fordert er mit diesem Entweder – Oder, er der Schöpfer von dem Geschöpf? Er fordert Gehorsam, unbedingten Gehorsam. Bist Du nicht in Allem unbedingt gehorsam, so liebst Du ihn nicht, und liebst Du ihn nicht, so – hassest Du ihn; bist Du nicht in Allem unbedingt gehorsam, so hängst Du ihm nicht an, und dann – verachtest Du ihn.

Diesen unbedingten Gehorsam kannst Du von den Lehrmeistern lernen, zu welchen deshalb das Evangelium hinweist, von der Lilie und dem Vogel. Durch Gehorchen lernt man Herrschen, heißt es, aber noch gewisser ist es, daß man kann Gehorsam lehren, wenn man selbst gehorsam ist. So ist es bei der Lilie und dem Vogel. Sie haben keine Macht um die Schüler zu zwingen, sie haben nur den eigenen Gehorsam um zu bewegen. Lilie und Vogel sind »die gehorsamen Lehrmeister.« Sonst fordert man vom Schüler, daß er gehorsam sei, aber hier ist es der Lehrmeister selbst, der gehorsam ist! Und worin unterweist er? in Gehorsam. Und wodurch unterweist er? durch Gehorsam. Könntest Du so gehorsam werden, wie die Lilie und der Vogel, da könntest Du auch wie sie Gehorsam lehren. Aber da wol weder Du noch ich so gehorsam sind, so laß uns von der Lilie und dem Vogel lernen:

Gehorsam.

Draußen bei der Lilie und dem Vogel ist Stille, sagten wir. Aber diese Stille und das Stillesein, das wir dort lernen wollten ist die erste Bedingung um in Wahrheit gehorchen zu können. Wenn Alles um Dich her stille ist und auch in Dir Stille ist, da vernimmst Du mit unendlichem Nachdruck: Du sollst den Herrn Deinen Gott lieben, und ihm allein dienen! Und Du vernimmst, daß dies Gebot Dich angeht, daß Du Gott so lieben sollst, daß Du gemeint bist; denn Du bist ja allein in dem feierlichen Schweigen, so kann auch kein Zweifel aufkommen. Wäre niemals solche Stille um Dich und in Dir, so lerntest Du auch niemals Gehorsam. Aber hast Du gelernt stille sein, so lernst Du schon auch noch Gehorsam.

Achte da auf die Natur um Dich. In der Natur ist Alles Gehorsam, unbedingter Gehorsam. Hier geschieht Gottes Wille wie im Himmel also auch auf Erden; oder man kann die heiligen Worte auch anders wenden, hier passen sie gleichwol, hier geschieht Gottes Wille auf Erden wie er im Himmel geschieht. In der Menschenwelt geschieht ja auch Nichts, nicht das Mindeste ohne seinen Willen, weil Gott der Allmächtige ist, aber in der Natur ist alles unbedingter Gehorsam. Und dies ist doch ein unendlicher Unterschied. Eines ist es ja, daß nicht der feigste noch der trotzigste menschliche Ungehorsam, nicht eines Einzelnen noch des ganzen Geschlechtes das Mindeste gegen seinen Willen vermag – und ein Anderes ist es, daß sein Wille geschieht, weil alles ihm unbedingt gehorcht, weil gar kein anderer Wille da ist im Himmel und auf Erden als der seine; und so ist es in der Natur. In der Natur gilt, was die Schrift sagt: »es fällt nicht ein Sperling auf die Erde ohne seinen Willen«; und nicht bloß weil er der Allmächtige ist, sondern weil Alles unbedingt Gehorsam ist. Nicht den geringsten Einspruch, nicht ein Wort hört man da; der Sperling fällt unbedingt gehorsam zur Erde, wenn es sein Wille ist. Das Sausen des Windes, das Rieseln des Baches, das Rauschen der Blätter, das Flüstern des Grases, jeder Laut, den Du hörst, ist unbedingter Gehorsam. Darum kannst Du Gott darin hören; denn in der Natur ist alles unbedingter Gehorsam.

Laß uns denn näher und menschlich die Lilie und den Vogel betrachten um Gehorsam zu lernen. Die Lilie und der Vogel sind unbedingt Gott gehorsam. Darin sind sie Meister. Dagegen verstehen sie sich nicht auf Halbheit – worauf sich die meisten Menschen am besten verstehen. Daß ein kleiner Ungehorsam nicht doch unbedingt Ungehorsam ist, das kann die Lilie und der Vogel nicht verstehen und will es auch nicht. Daß der kleinste Ungehorsam in Wahrheit einen andern Namen haben sollte, als Verachtung Gottes, das verstehen Lilie und Vogel nicht und wollen es auch nicht verstehen. Daß es etwas Andres oder jemand Andres geben sollte, dem man zugleich *neben* Gott dienen könnte, das kann und will die Lilie und der Vogel nicht verstehen. Denn die Lilie und der Vogel sind Gott unbedingt gehorsam, sie sind im Gehorsam so einfältig oder so erhöht, daß sie glauben, Alles was geschieht, ist unbedingt Gottes Wille, und glauben, daß sie gar nichts Anderes in der Welt zu thun haben, als entweder unbedingt Gottes Willen zu thun oder unbedingt gehorsam sich in Gottes Willen zu finden.

Ob die Stelle, welche der Lilie angewiesen ist, so unglücklich wie möglich ist, ob sich auch voraussehen läßt, daß sie ihr ganzes Leben hindurch unbeachtet bleibt, von Niemand gesehen wird, der sich über sie freute, ja wenn ihre Stelle gradezu gemieden ist: die gehorsame Lilie findet sich gehorsam in ihr Los und entfaltet alle ihre Lieblichkeit. Ein Mensch würde sagen: »das ist schwer und ist nicht auszuhalten, wenn man eine Lilie ist und so lieblich wie eine Lilie, da an solcher Stelle zu stehen; das ist nicht auszuhalten und ist ja ein Widerspruch vom Schöpfer.« So würde wol ein Mensch denken und reden, wenn er an der Stelle der Lilie wäre, und darauf vor Gram hinwelken. Aber die Lilie denkt anders, sie denkt so: »ich habe nicht selbst meine Stelle und mein Schicksal bestimmen können, dies ist also nicht im entferntesten meine Sache; daß ich hier stehe ist Gottes Wille.« So denkt die Lilie, und daß es ist wie sie denkt, daß es wirklich Gottes Wille ist, kann man ihr ansehen, denn sie ist lieblich – auch Salomo in all seiner Herrlichkeit war nicht so gekleidet. O, wenn unter den Lilien ein Unterschied an Lieblichkeit wäre, so müßte dieser Lilie der Preis zuerkannt werden. Für eine Lilie ist es eigentlich keine Kunst lieblich zu sein, aber in solcher Umgebung unverändert zu bleiben, sich selbst gleich zu bleiben, der Macht der ganzen Umgebung zu spotten, nein, nicht zu spotten, das thut die Lilie nicht, aber ganz unbekümmert zu sein in all ihrer Lieblichkeit! Denn die Lilie bleibt sich gleich, trotz der Umgebung, weil sie Gott unbedingt gehorsam ist; darum ist sie so unbekümmert, denn das kann nur sein, wer unbedingt gehorsam ist. Aber weil sie so unbekümmert sich gleich bleibt, darum ist sie so lieblich.

Nur durch unbedingten Gehorsam kann man ganz genau die »Stelle« finden, wo man stehen soll; und wenn man sie so genau trifft, so versteht man, wie völlig gleichgiltig es ist, ob die Stelle auch ein Kehrichthaufen wäre.

Wenn es sich für die Lilie so unglücklich trifft, daß sie in demselben Augenblick, wo sie aufspringt, auch schon gebrochen werden soll, und ihr Aufblühen zugleich ihr Untergang wird: die gehorsame Lilie findet sich darein, sie weiß daß es so Gottes Wille ist und springt auf reich und schön, und geht unbedingt gehorsam dem Untergang entgegen. Wir Menschen würden an Stelle der Lilie wol verzweifeln und deshalb auch nicht werden, was wir sein könnten, ob auch nur für einen Augenblick. Anders mit der Lilie; sie wird alles was sie werden kann und soll, unbeirrt durch die Gewißheit des Unterganges. Und wahrlich, mit dem Untergang vor Augen Mut und Glauben zu haben um in aller Lieblichkeit sich zu entfalten, das vermag nur unbedingter Gehorsam. Ein Mensch würde sagen »wozu?« oder »wofür?« oder »was kann das helfen?« – so würde er nicht, was er sein sollte, und so verschuldet er, daß er verkrüppelt und unschön unterging. Nur unbedingter Gehorsam kann den Augenblick benutzen, unbeirrt durch den nächsten Augenblick.

Wenn für den Vogel der Augenblick da ist, die Wanderung anzutreten, ob er auch meint, er habe es hier ja gut: er läßt das Gewisse fahren und greift nach dem Ungewissen, er tritt augenblicklich die Reise an. – Wenn den Vogel die Härte des Lebens trifft, wenn ihm Widerwärtigkeit und Unglück begegnet, wenn ihm immer wieder sein Nest zerstört wird – der gehorsame Vogel beginnt jeden Tag von neuem seine Arbeit mit derselben Lust und Sorgfalt wie das erste Mal; einfältig mit Hülfe des unbedingten Gehorsams versteht er, daß dies seine Arbeit ist, daß er das Seine zu tun hat. – Wenn der Vogel die Bosheit der Welt erfahren muß, wenn dem kleinen Singvogel, der zu Gottes Ehre singt, ein unartiger Junge nachäfft, um wo möglich die Feierlichkeit zu stören oder wenn der einsame Vogel einen Ort gefunden hat, den er liebt, einen Zweig, auf dem er am liebsten sitzt, der ihm vielleicht durch teure Erinnerungen so lieb und wert ist – und wenn da ein Mensch seine Freude darin findet, durch Steinwürfe oder auf andere Weise ihn fortzujagen: der gehorsame Vogel findet sich unbedingt in Alles; so unermüdlich der

Mensch im Bösen ist, so unermüdlich kehrt der Vogel zurück zu seiner lieben Stelle. Einfältig, durch Hilfe seines unbedingten Gehorsams versteht er, daß Alles was ihm so widerfährt, ihn eigentlich nichts angeht, oder richtiger, daß ihn dabei eigentlich nur eins angeht, nämlich daß er unbedingt gehorsam gegen Gott sich darein findet.

So die Lilie und der Vogel, von denen wir lernen sollen. Daher sollst Du nicht sagen: »Lilie und Vogel haben leicht gehorsam sein, sie können ja nicht anders; auf die Weise ein Muster des Gehorsams werden heißt ja aus der Notwendigkeit eine Tugend machen.« So sollst Du nicht sagen, Du sollst überhaupt nichts sagen, sondern schweigen und gehorchen, damit es Dir auch glücke aus der Notwendigkeit eine Tugend zu machen. Auch Du bist ja der Notwendigkeit unterworfen; Gottes Wille geschieht ja doch gleichwol, so siehe zu, daß Du aus der Notwendigkeit eine Tugend machst, indem Du Dich unbedingt gehorsam in Gottes Willen findest, so unbedingt gehorsam, daß Du mit Wahrheit dabei sagen kannst: ich kann nicht anders.

Danach solltest Du streben und Du solltest bedenken: ob es auch für den Menschen schwerer ist, unbedingt gehorsam zu sein, so ist doch auch eine Gefahr dabei, die es ihm erleichtert: die Gefahr Gottes Langmut zu verscherzen. Denn hast Du jemals recht ernstlich Dein eigen Leben und die Menschenwelt betrachtet, wie es da so ganz anders ist als in der Natur, wo Alles unbedingt gehorcht, hast Du das betrachtet ohne mit Schauern zu vernehmen, mit welcher Wahrheit sich doch Gott den Gott der Langmut nennt. Er ist der Gott, der sagt, entweder mich lieben oder – mich hassen, entweder mir anhangen, oder mich verachten, und doch hat er Langmut um es mit Dir und mir und mit uns Allen auszuhalten! Wenn Gott ein Mensch wäre, was dann? Seit wie langer langer Zeit wäre er dann meiner müde und überdrüssig geworden. Mit wie viel Recht hätte er gesagt: »Das Kind ist häßlich und kränklich und dumm und ungelehrig, und wenn noch wenigstens etwas gut an ihm wäre, aber es steckt ja so viel Böses in ihm, das kann kein Mensch aushalten.« Ja, das kann kein Mensch aushalten, das kann nur der Gott der Langmut.

Und denke nun an die zahllose Anzahl der Menschen, welche leben. Wir reden davon daß Geduld dazu gehört kleine Kinder zu
lehren, und nun Gott, welcher diese zahllose Anzahl lehren muß –
welche Geduld! Und was noch unendlich mehr Geduld nötig
macht, ist daß dort, wo Gott der Lehrer ist, alle Kinder mehr oder
weniger sich einbilden, sie wären große erwachsene Menschen.
»Das fehlte blos noch« würde ein menschlicher Schulmeister sagen
»daß die Kinder sich einbilden sie wären erwachsene Menschen;
dann müßte man die Geduld verlieren und verzweifeln, denn das
könnte kein Mensch aushalten.« Nein, kein Mensch könnte es aushalten, das kann nur der langmütige Gott, deshalb nennt er sich den
Gott der Langmut. Und er weiß wohl, was er sagt. Er weiß es von
Ewigkeit her und er weiß es aus tausendjäriger und täglicher Erfah-
rung: so lange die Zeitlichkeit bestehen soll und das Menschenge-
schlecht in ihr, so lange muß er der Gott der Langmut sein, denn
sonst wäre der menschliche Ungehorsam nicht auszuhalten. Für
Lilie und Vogel ist Gott der väterliche Schöpfer und Erhalter; nur
für die Menschen ist er der langmütige Gott. Wohl wahr, es ist ein
Trost, ein höchst nötiger und unbeschreiblicher Trost, weshalb auch
die Schrift sagt, daß Gott der Gott der Langmut und *des Trostes* ist,
aber es ist zugleich eine schreckend ernsthafte Sache, daß der Ungehorsam der Menschen Schuld daran ist, daß Gott der Gott der
Langmut ist und eine schreckend ernsthafte Sache, daß die Menschen seine Langmut mißbrauchen können. Der Mensch entdeckte
eine Eigenschaft bei Gott, welche Lilie und Vogel nicht kennen, oder
Gott war liebreich genug den Menschen zu offenbaren, daß er diese
Eigenschaft hat, daß er langmütig ist. So entspricht dem Ungehorsam der Menschen die Langmut Gottes. Das ist der Trost, aber unter
schwerer Verantwortung. Der Mensch darf wissen, daß selbst wenn
alle Menschen ihn aufgäben, ja wenn er beinahe sich selbst aufgiebt,
doch Gott der Gott der Langmut ist. Das ist unschätzbarer Reich-
tum. O, aber brauch ihn recht, denke daran daß es ein Notgroschen
ist; um Gottes willen brauch ihn recht, sonst stürzt er Dich in noch
größeres Elend, er verwandelt sich in das Gegenteil, ist nicht mehr
Trost, sondern er wird die furchtbarste Anklage gegen Dich. Vielleicht scheint Dir die Rede zu hart, daß es heißt Gott verachten,
wenn man sich nicht unbedingt und in Allem zu ihm hält; aber daß
es Verachtung Gottes ist, wenn man seine Langmut eitel nimmt, das
ist doch keine zu harte Rede.

Achte deshalb wol darauf nach Anleitung des Evangelium von der Lilie und dem Vogel Gehorsam zu lernen. Laß Dich nicht abschrecken, verzweifle nicht, wenn Du Dein Leben mit diesen Lehrmeistern vergleichst. Da ist kein Grund zum verzweifeln, denn Du *sollst* ja von ihnen lernen; und das Evangelium tröstet Dich zuerst, indem es sagt, daß Gott langmütig ist, aber dann fügt es hinzu: Du sollst von der Lilie und dem Vogel lernen, Du sollst lernen unbedingt gehorsam sein wie die Lilie und der Vogel, nicht zwei Herren dienen, denn Niemand kann zwei Herren dienen, er muß entweder .... oder.

Aber wenn Du kannst unbedingt gehorsam werden, wie die Lilie und der Vogel, dann bist Du geworden, wovon sie nur ein Bild sind. Dann hast Du gelernt, nur *einem* Herren zu dienen, ihn allein zu lieben und Dich unbedingt in allem zu ihm zu halten. Dann wird auch *durch Dich* die Bitte erfüllt:»Dein Wille geschehe wie im Himmel also auch auf Erden«; denn durch unbedingten Gehorsam ist ja Dein Wille Eins mit Gottes Wille, so daß durch Dich auf Erden Gottes Wille geschieht, wie es im Himmel ist. Dann wird auch Deine Bitte erhört, wenn Du betest:»führe uns nicht in Versuchung«; denn bist Du Gott unbedingt gehorsam, so ist nichts Zweideutiges in Dir und ist in Dir nichts Zweideutiges, so bist Du ganz Einfalt vor Gott. Aber es giebt Etwas, das können alle Schlingen der Versuchung und alle List des Teufels nicht fangen, und das ist die *Einfalt*. Nach dem Zweideutigen späht Satan scharfsichtig als nach seiner Beute – aber bei der Lilie und dem Vogel ist es nie zu finden; auf das Zweideutige lauert die Versuchung als auf ihre sichre Beute, aber bei Vogel und Lilie findet es sich nicht. Wo das Zweideutige ist, da ist die Versuchung und sie ist nur allzu leicht das Stärkere. Aber wo das Zweideutige, die Halbheit ist, da ist im Grunde auch Ungehorsam. Vogel und Lilie sind unbedingt gehorsam, darum ist bei ihnen keine Halbheit, nichts Zweideutiges, und darum können sie nicht in Versuchung geführt werden. Satan ist ohnmächtig, wo keine Halbheit ist, ohnmächtig wie der Vogelfänger mit seiner Schlinge, wenn kein Vogel da ist; aber nur der geringste Schimmer von Zweideutigem, so ist Satan stark, und scharfsichtig ist er, er der Böse, dessen Schlinge Versuchung heißt und dessen Beute des Menschen Seele ist. Aber der Mensch, der durch unbedingten Gehorsam sich in Gott verbirgt, er ist unbedingt sicher; er kann von seiner sicheren Stelle aus den Teufel sehen, aber Satan kann ihn nicht sehen. Denn eben so scharfsichtig Satan ist gegenüber der Zweideutigkeit, ebenso blind ist er auch für die Einfalt, er wird blind oder geschlagen mit Blindheit. Doch nicht ohne Grauen betrachtet ihn der unbedingt Gehorsame; dieser Blick der aussieht, als könnte er Erde und Meer und die geheimsten Falten des Herzens durchdringen, und das kann er auch – aber mit diesem Blick ist er doch blind! Und dann ist ja für den Gehorsamen keine Versuchung, denn »Gott versucht Niemand«. So ist seine Bitte erhört: »führe uns nicht in Versuchung«, das heißt, laß mich niemals durch Ungehorsam meine Geborgenheit verlassen, und wenn ich doch Ungehorsam verschulde, so jage mich nicht gleich aus meiner Geborgenheit, daß ich nicht in Versuchung gerate. Und bleibt er durch unbedingten Gehorsam in seiner Geborgenheit, so ist er auch »erlöst vom Bösen«.

Niemand kann zwei Herren dienen, er muß entweder den Einen lieben und den Anderen hassen, oder dem Einen anhangen, und den Andern verachten. Ihr könnt nicht Gott dienen und dem Mammon, nicht Gott und der Welt, nicht dem Guten und dem Bösen. Es giebt also zwei Mächte: Gott und die Welt, das Gute und das Böse; und der Grund, weshalb der Mensch nur Einem Herren dienen kann, ist wol der, daß diese beiden Mächte, wenn auch die eine unendlich stärker ist, doch mit einander im Streit um Leben und Tod stehen. Um die Lilie und den Vogel streiten nicht Gott und Welt, auch nicht das Gute und das Böse, aber der Mensch ist zwischen diese beiden ungeheuren Mächte gestellt, und ihm ist die Wahl überlassen. Und darum muß er entweder lieben oder hassen, nicht lieben ist schon hassen; denn so feindlich sind diese beiden Mächte, daß das mindeste Beugen nach der einen Seite, das Gegenteil für die andere Seite ist. Wenn der Mensch diese ungeheure Gefahr vergißt, so klingt ihm das Wort des Evangeliums wie Übertreibung. Ach der Mensch hat keine Vorstellung von der Liebe, mit welcher ihn Gott liebt, und daß Gott aus Liebe unbedingten Gehorsam fordert; er hat keine Vorstellung von der Macht und List des Bösen noch auch von seiner eigenen Schwachheit. Darum kann er nicht begreifen, daß die Gefahr so groß ist, und daß Gott aus Liebe unbedingten Gehorsam fordert.

Was tut da das Evangelium? Es will ihm das nicht *beweisen*, denn es weiß, das Verstehen kommt erst nach dem Gehorchen, nicht vorher. Darum braucht das Evangelium seine Vollmacht und sagt: *Du sollst*! Aber zugleich ist es so milde, daß es müßte den Härtesten rühren können; es nimmt Dich gleichsam bei der Hand wie ein liebreicher Vater sein Kind, und sagt: »komm, wir wollen zu der Lilie und dem Vogel gehen.« Draußen spricht es: »betrachte die Lilie und den Vogel, versenke Dich darein, bewegt Dich ihr Anblick nicht?« Wenn dann Dich die feierliche Stille draußen bei Lilie und Vogel tief bewegt, da erklärt das Evangelium weiter und sagt: »aber warum ist denn dies Schweigen so feierlich? weil es den unbedingten Gehorsam ausdrückt, womit Alles Einem Herren dient, nur zu Einem sich dienend neigt, in vollkommener Einigkeit verbunden, in einem großen Gottesdienste – so laß Dich denn ergreifen von diesem großen Gedanken und lerne von der Lilie und dem Vogel.« Aber vergiß nicht, Du *sollst* lernen von Lilie und Vogel. Bedenk, es war des Menschen Sünde, daß er nicht Einem Herrn dienen wollte, sondern einem andern oder zwei, ja mehreren Herren dienen wollte, und durch diese Sünde zerstörte er die Schönheit der ganzen Welt, wo vordem Alles so sehr gut war. Seine Sünde brachte den Zwiespalt in eine Welt von Einigkeit; und bedenke, daß jede Sünde Ungehorsam ist, und jeder Ungehorsam Sünde.

III.

»Sehet die Vögel unter dem Himmel an, sie säen nicht, sie ernten nicht, sie sammeln nicht in die Scheuern« – *unbekümmert um den morgenden Tag.*

»Betrachtet das Gras auf dem Felde – welches heute stehet.«

Thue das und lerne:

Freude.

So laß uns denn die Lilie und den Vogel, diese fröhlichen Lehrer betrachten. »Diese fröhlichen Lehrer,« ja, denn Du weißt, die Freude ist mitteilsam, und deshalb kann Niemand besser Freude lehren, als wer selbst fröhlich ist. Ein Lehrer der Freude hat eigentlich nichts Anderes zu thun, als selbst froh zu sein; wie sehr er sich auch anstrengen mag, Freude mitzuteilen – wenn er nicht selbst froh ist, so ist sein Unterricht unvollkommen. So ist nichts leichter als in Freude zu unterweisen – man braucht bloß selbst stets in Wahrheit froh zu sein. Aber es ist nicht so leicht allzeit fröhlich zu sein.

Doch draußen bei der Lilie und dem Vogel da ist allzeit Freude. Und sie kommen niemals so in Verlegenheit wie zuweilen ein menschlicher Lehrer, der nicht immer bei sich hat, was er lehren will, sondern in seinen Büchern. Wo Lilie und Vogel in der Freude unterweisen, da ist allzeit Freude, denn sie ist ja in der Lilie und in dem Vogel. Welche Freude, wenn der Tag graut und der Vogel frühe erwacht zur Freude des Tages; welche Freude, wenn auch in andrem Ton, wenn der Abend dämmert und der Vogel froh zu seinem Neste eilt; und welche Freude den langen Sommertag! Welche Freude, wenn der Vogel froh sein Lied beginnt, und er singt nicht bloß zur Arbeit, seine Arbeit ist Gesang. Welche neue Freude, wenn auch der Nachbar beginnt und dann der Chor einstimmt, bis es zuletzt wie ein Meer von Tönen ist, dem Wald und Thal, Himmel und Erde Wiederhall geben! – Welche Freude, wenn der Tau fällt und die Lilie erquickt, welche sich nun nach der Kühlung zur Ruhe schickt; welche Freude, wenn sie sich nach dem Bade wohlig in den ersten Sonnenstrahlen trocknet; und welche Freude den laugen Sommertag! O, betrachte sie doch, betrachte die Lilie und betrachte den Vogel. Welche Freude, wenn der Vogel sich bei der Lilie versteckt, wo er sein Nest hat, und wo es so unbeschreiblich heimlich ist, während er zum Zeitvertreibe mit der Lilie scherzt und spielt. Welche Freude, wenn der Vogel hoch vom Zweige oder hoch oben aus der Luft nach dem Nest und nach der Lilie schaut, und die Lilie lächelnd ihr Auge zu ihm erhebt! Lebensfrohes glückliches Dasein, so reich an Freude. Oder ist vielleicht die Freude klein, weil sie sich über so Geringes freuen? O, kleinliches und trauriges Mißverständnis. Denn grade, daß sie über Geringes sich freuen, beweist, daß sie selbst voll Freude sind. Dies ist doch wohl so? Wenn man sich über gar nichts freute und doch in Wahrheit unbeschreiblich froh wäre, da bewiese das ja am allerbesten, daß man selbst voller Freude wäre wie die Lilie und der Vogel es ist. Wenn wir Menschen froh sein wollen, da brauchen wir so Vieles dazu, da ist so Vieles zu besorgen und zu beschaffen – und selbst wenn alles vorhanden wäre, würden wir gleichwol vielleicht nicht unbedingt froh. Denn dazu gehört eben, daß man selbst voll Freude ist.

Doch könnte man nicht ganz kurz angeben, welche Freude die Lilie und der Vogel lehren? Ja, das kann man leicht; es ist ja dasselbe, worüber sie selbst sich freuen, und das macht ihren Unterricht so einfach und klar. Ihre Freude ist *der heutige Tag*, ist der Tag *Heute* – und daß sie gar keine Sorge haben für den andern Morgen, für den morgenden Tag. Das ist nicht Leichtsinn von der Lilie und dem Vogel, sondern ist die Freude des Stilleseins und Gehorsams. Denn wenn du schweigst in der feierlichen Stille, die in der Natur ist, so ist der morgende Tag nicht da; und wenn Du gehorchst, wie die Schöpfung gehorcht, so ist der Tag »Morgen« nicht da, dieser unselige Tag, welcher die Erfindung der Geschwätzigkeit und des Ungehorsams ist. Aber wenn Stillesein und Gehorsam den Tag Morgen aus der Welt schaffen, so bleibt der Tag Heute – und der ist Freude, wie er es für die Lilie und den Vogel ist.

Was ist Freude und wann ist man froh ? Wenn man sich selbst in Wahrheit gegenwärtig ist. Daß man *ist, heute* ist, das ist die Freude. Sie ist ganz und gar in der *gegenwärtigen Zeit*. Deshalb ist Gott selig, Er, der ewig sagt: »heute«; er der ewig und unendlich sich selbst gegenwärtig ist und ewig von sich sagt: *ich bin*. Und deshalb sind Lilie und Vogel so froh, weil sie in Stillesein und unbedingtem Gehorsam sich selbst gegenwärtig sind am Tage »Heute«.

»Aber« sagst Du »die Lilie und der Vogel können es leicht«. Antwort: Du darfst mit keinem Aber kommen – lerne von Lilie und Vogel Dir so ganz gegenwärtig sein am Tage »Heute«, so hast Du auch die Freude. Doch, wie gesagt, kein Aber; denn es ist Ernst, Du *sollst* von der Lilie und dem Vogel Freude lernen. Noch weniger darfst Du Dir selbst wichtig werden und gegenüber der Einfalt des Vogels und der Lilie witzig sein wollen und sagen: »die Lilie und der Vogel kann es leicht, sie haben sich nicht einmal mit dem morgenden Tage zu plagen, aber der Mensch hat ja nicht bloß Sorge für den andern Morgen, was er essen soll, sondern auch für das, was er gegessen – und nicht bezahlt hat!« Nein, keinen Witz, der ungezogen die Unterweisung stört, sondern lerne von der Lilie und dem Vogel, worüber Du Dich freuen sollst. Daß Du wurdest, daß Du da bist, daß Du heut das Nötige bekommst, um zu sein; daß Du wurdest und Mensch wurdest, daß Du sehen kannst, bedenke, daß Du sehen kannst und hören, daß Du riechen kannst und schmecken und fühlen, daß die Sonne für Dich scheint – und um Deinetwillen, daß der Mond beginnt, wenn Du müde wirst und die Sterne angezündet werden, daß es Winter wird und die ganze Natur sich verkleidet, sich vermummt, um Dich zu vergnügen, daß es Frühling wird und der Vogel kommt in zahlreichen Scharen, um Dich zu erfreuen, daß das Gras sprießt, daß der Wald so schön sich schmückt und Hochzeit feiert Dir zur Freude; daß es Herbst wird, wo der Vogel fortzieht, nicht um sich kostbar zu machen, o nein, aber daß Du seiner nicht überdrüssig werdest; daß der Wald seinen Schmuck verbirgt für das nächste Mal, um Dich von neuem zu erfreuen. Und das wäre nichts worüber man sich freuen könnte? O, eher möchte man sagen, wenn das nichts zu freuen ist, da giebt es nichts, worüber man sich freuen kann. Bedenke, daß die Lilie und der Vogel voll Freude sind, und doch haben sie ja viel weniger sich zu freuen als Du, da Du Dich zugleich über die Lilie und den Vogel freuen kannst. Kannst Du Dich nicht froh sehen an der Lilie und dem Vogel, die ja die Freude selbst sind, kannst Du Dich nicht froh an ihnen sehen, daß Du willig wirst von ihnen zu lernen, so ist es bei Dir, wie wenn der Lehrer von dem Kinde sagt: »Mangel an Begabung ist es nicht, außerdem ist die Sache so leicht, daß von Mangel an Begabung keine Rede sein kann; es muß etwas Anderes sein, indeß vielleicht nur, daß es nicht aufgelegt ist, was man nicht gleich zu streng nehmen und nicht gleich wie Ungehorsam oder Trotz behandeln darf.«

So sind Lilie und Vogel Lehrmeister der Freude. Und doch haben sie ja auch Sorge, wie die ganze Natur Sorge hat. Seufzt nicht alle Creatur unter der Vergänglichkeit, der sie wider ihren Willen unterworfen wurde! Alles ist der Vergänglichkeit unterworfen. Wie fest auch ein Stern am Himmel sitzt, er wird doch seine Stelle wechseln – im Fall, wenn er in den Abgrund stürzt; und diese ganze Welt veraltet wie ein Kleid, wenn es abgelegt wird, eine Beute der Vergänglichkeit. Und die Lilie, auch wenn sie nicht abgebrochen wird, sie muß doch welken, nachdem sie mancherlei gelitten hat. Und wenn der Vogel auch vor Alter sterben dürfte, er muß doch sterben, scheiden von dem Geliebten, nachdem er mancherlei gelitten hat. O, es ist alles Vergänglichkeit und wird einst Alles die Beute der Vergänglichkeit. Dies ist das *Seufzen*; denn der Vergänglichkeit unterworfen sein ist Gefangenschaft, Gebundenheit, und der Inhalt des Seufzens ist Vergänglichkeit, Vergänglichkeit!

Aber doch ist die Lilie und der Vogel unbedingt froh; und hier siehst Du recht, wie wahr es ist wenn das Evangelium sagt: Du *sollst* von der Lilie und dem Vogel Freude lernen. Bessere Lehrer kannst du ja auch nicht verlangen als die, welche unbedingt froh und die Freude selbst sind, obschon sie eine so unendlich tiefe Sorge tragen.

Wie macht dies die Lilie und der Vogel, was doch fast wie ein Wunder aussieht, wie machen sie es, daß sie in tiefer Sorge unbedingt froh sind, daß sie heute unbedingt froh sind, während es ein so schreckliches Morgen giebt? Sie benehmen sich ganz schlicht und einfach – das thun sie immer. Es giebt ein Wort vom Apostel Petrus, das haben Lilie und Vogel zu Herzen genommen und einfältig wie sie sind, nehmen sie es ganz buchstäblich – ach, und das grade hilft ihnen, daß sie es ganz buchstäblich nehmen. Es liegt eine ungeheure Macht in diesem Wort, wenn es ganz buchstäblich genommen wird, sonst ist es mehr oder weniger ohnmächtig, zuletzt nur eine nichtssagende Redeweise; aber es gehört völlige Einfalt dazu, um es ganz buchstäblich zu nehmen. » **Alle** eure Sorge werfet **auf Gott**.« Sieh, das thun Lilie und Vogel unbedingt. Mit ihrem unbedingten Stillesein und unbedingten Gehorsam werfen sie **alle** ihre Sorge von sich, wie man fortwirft, was man verabscheut, und mit voller Sicherheit, ohne jemals zu fehlen, werfen sie ihre Sorge **auf Gott**. In demselben Nu sind sie unbedingt froh. Verwunderliche Gewandheit! Alle seine Sorge so auf einmal fassen können und dann so geschickt von sich werfen und so sicher das Ziel treffen! Das thun Lilie und Vogel; deshalb sind sie im selben Nu unbedingt froh. Und das ist ja ganz in seiner Ordnung; denn Gott der Allmächtige trägt unendlich leicht die Sorge der ganzen Welt – und die Sorge der Lilie und des Vogels dazu. Welche unbeschreibliche Freude! Die Freude nämlich über den allmächtigen Gott.

So lerne denn vom Vogel und der Lilie. Wohl wahr, es ist ein verwunderliches Kunststück, aber deshalb gieb nur um so genauer Acht auf sie. Es ist ein Geheimnis dabei, wie bei der Kunst der Sanftmut. Das Wort »werfen« klingt, als gelte es Kraftanstrengung, als sollte man mit Macht die Sorge von sich werfen; und doch kommt es nicht auf »Macht« an. Was gebraucht wird, ist allein – »Nachgiebigkeit« und doch wirft man die Sorge von sich! Und man soll »alle« Sorge von sich werfen. Wirft man nicht *alle* Sorge von sich, so behält man ja viel oder etwas Sorge zurück und wird also nicht ganz froh. Und wirft man sie nicht unbedingt *auf Gott*, son-dern anderswohin, so wird man sie nicht los; sie kommt auf die eine oder andre Art wieder, und meist noch bitterer und größer. Wirft man seine Sorge weg, aber nicht auf Gott, so ist das »Zerstreuung«. Aber die Zerstreuung ist ein zweifelhaftes und zweideutiges Mittel gegen die Sorge. Wirft man dagegen alle Sorge unbedingt auf Gott, so ist das »Sammlung«, und doch eine Sammlung, durch welche man die Sorge gänzlich *zerstreut*.

Lerne also von der Lilie und dem Vogel. Wirf alle Deine Sorge auf Gott. Aber die Freude sollst Du nicht wegwerfen, im Gegenteil, die sollst Du aus aller Macht festhalten. Thust du das, so ist die Rech-nung leicht; denn wirfst Du die Sorge fort, so behältst Du ja nur, was Du an Freude hast. Doch das ist vielleicht nicht viel. Lerne da-her weiter von der Lilie und dem Vogel. Wirf alle deine Sorge fort, ganz unbedingt, so wirst Du auch ganz froh wie die Lilie und der Vogel. Das ist nämlich die unbedingte Freude, anzubeten die All-macht, mit welcher der allmächtige Gott all deine Sorge leicht wie nichts trägt. Und auch das ist die unbedingte Freude, was der Apos-tel weiter hinzufügt, anbetend glauben zu dürfen: »Gott sorgt für mich«. Die unbedingte Freude ist eben **die Freude über Gott**, an dem und in dem Du Dich allzeit freuen kannst. Kannst Du das nicht, da liegt der Fehler allein in Dir, darin, daß Du nicht geübt bist all Deine Sorge auf ihn zu werfen, daß Du dazu unwillig bist, daß Du Dich für klug hältst, daß Du eigenwillig bist, kurz, daß Du nicht bist wie Lilie und Vogel. Nur in einer Sorge können sie nicht Lehrer sein, in der Sorge über die Sünde; von dieser Sorge reden wir deshalb hier nicht. Von aller andern Sorge gilt: wenn Du nicht unbedingt froh wirst, so ist die Schuld Dein, daß Du von Lilie und Vogel nicht lernen willst, nicht in Stillesein und Gehorsam über Gott froh werden willst.

Doch noch Eins. Vielleicht sprichst Du mit dem Dichter: ja, wer bei dem Vogel wohnen und weilen könnte, heimlich in des Waldes Einsamkeit, oder wer leben könnte in dem Frieden der Flur, wo jede Lilie mit sich allein ist, wo keine Gesellschaft ist, dann könnte man leicht alle seine Sorge auf Gott werfen und unbedingt froh sein. Denn grade die Gesellschaft ist das Unglück; der Mensch plagt sich selbst mit der Einbildung, die Gesellschaft mache glückselig, und um so mehr je größer die Gesellschaft wird zu seinem und ihrem Verderben. So sollst Du indes nicht reden; nein, sieh näher zu und merke, die trotz aller Sorge unsägliche Liebesfreude, mit welcher der Vogel, Er und Sie, ein Paar ist, die läßt sich von den Andern nicht stören, und die trotz der Sorge ganz vollkommene Freude des einzelnen Standes macht, daß die Lilie unter Andern ungestört allein ist; denn Gesellschaft ist ja doch da. Betrachte es näher und gestehe beschämt: weil Lilie und Vogel unbedingt still und unbedingt gehorsam sind, deshalb sind sie gleich unbedingt froh in der Einsamkeit und in der Gesellschaft. So lerne von der Lilie und dem Vogel.

Und wenn Du lernen könntest ganz wie Lilie und Vogel zu werden, dann würde auch jene letzte Bitte in Dir zur Wahrheit werden, welche – wie ja jedes wahre Gebet froh und immer froher wird – zuletzt nichts mehr zu bitten und zu begehren hat, sondern unbedingt froh in Lob und Anbetung endet; die Bitte »Dein ist das Reich und die Kraft und die Herrlichkeit.« Ja, *sein* ist das Reich und deshalb hast Du unbedingt zu schweigen, und durch das feierliche Stillesein auszudrücken, daß sein das Reich ist. Und *sein* ist die Kraft; und deshalb hast Du unbedingt zu gehorchen und unbedingt gehorsam Dich in Alles zu finden; denn sein ist die Macht. Und *sein* ist die Herrlichkeit; und darum hast Du in allem, was Du thust und in allem, was Du leidest, ihm die Ehre zu geben, denn die Ehre ist sein.

O, unbedingte Freude: sein ist das Reich und die Kraft und die Herrlichkeit – in Ewigkeit.»In Ewigkeit!« Sieh, dieser Tag, der Tag der Ewigkeit nimmt ja nie ein Ende. Halte daher nur unbedingt daran fest, daß sein das Reich und die Kraft und die Herrlichkeit ist in Ewigkeit. – Dann ist für Dich ein Heute, welches kein Ende nimmt, ein Heute, in welchem Du ewig Dir kannst gegenwärtig bleiben. Laß dann den Himmel zusammenstürzen und die Sterne herabfallen, laß den Vogel sterben und die Lilie welken, Du überlebst in anbetender Freude noch *heute* jeden Untergang. Bedenke doch, daß für Dich, wenn Du ein Christ bist, selbst die Todesgefahr so unbedeutend ist, daß es heißt:»noch *heute* sollst Du im Paradiese sein.« Sollte auch Alles untergehen, der Uebergang von der Zeit zur Ewigkeit ist so hurtig, daß Du noch *heute* im Paradiese bist, indem Du christlich in Gott *bleibst*. Denn bleibst Du in Gott, da magst Du leben oder sterben, da mag es Dir zuwider gehen oder nach Wunsch während Du lebst, da magst Du heute sterben oder erst in fünfzig Jahren, da magst Du Deinen Tod auf dem Grund des Meeres finden, wo es am tiefsten ist, oder in die Luft gesprengt werden: Du kommst doch nicht von Gott fort, Du bleibst Dir selbst gegenwärtig in Gott und bist deshalb an Deinem Todestage noch heute im Paradies. Der Vogel und die Lilie leben nur einen Tag, aber einen sehr kurzen Tag und sind doch die Freude. Und Du, dem der längste Tag vergönnt ist, noch heute im Paradies zu sein, solltest Du nicht unbedingt froh sein? Und Du fühlst auch, daß Du viel froher als der Vogel sein müßtest und könntest, so oft Du jenes Gebet betest und Du näherst Dich auch dieser Freude, so oft Du innerlich das freudenvolle Wort sprichst:»Dein ist das Reich und die Kraft und die Herrlichkeit – in Ewigkeit. Amen.«

I.

Wohin sollen wir gehen, wenn nicht zu Dir, Herr Jesus Christus! Wo sollte der Leidende Mitleid finden, wenn nicht bei Dir, und wo der Reuige, ach, wenn nicht bei Dir, Herr Jesus Christus!

Ebr. 4,15. Denn wir haben nicht einen Hohenpriester, der nicht könnte Mitleid haben mit unserer Schwachheit, sondern der versucht ist allenthalben gleich wie wir, doch ohne Sünde.

Mein Zuhörer, ob Du selbst gelitten hast, oder ob Du Leidende kennen lerntest, vielleicht in der schönen Absicht, zu trösten: Du hast sie wol oft vernommen diese allgemeine Klage der Leidenden »Du verstehst mich nicht, ach, Du verstehst mich nicht; Du setzest Dich nicht in meine Lage, wärst Du in meiner Lage, oder könntest Du Dich ganz in meine Lage versetzen und also mich ganz verstehen, da würdest Du anders sprechen.« Da würdest Du anders sprechen – damit will der Leidende sagen, auch Du würdest dann einsehen und verstehen, daß kein Trost ist.

Also dies ist die Klage; der Leidende klagt fast immer darüber, daß der Tröstende sich nicht in seine Lage versetze. Allerdings hat er auch immer etwas Recht; denn kein Mensch erlebt ganz dasselbe wie der andere, und selbst wenn dies wäre, es bleibt doch die Grenze, daß bei dem besten Willen Keiner ganz empfinden, fühlen und denken kann wie ein andrer Mensch, sich also auch nicht ganz in des Andern Stelle versetzen kann. Aber in anderm Sinne behält der Leidende Unrecht, wenn er daraus folgern will, daß es also keinen Trost für Leidende gebe; denn es kann ja auch gefolgert werden, daß Jeder den Trost in sich selbst, das ist bei Gott suchen und finden soll. Es war wol gar nicht Gottes Wille, daß der eine Mensch vollständigen Trost bei dem andern finden sollte; es ist im Gegenteil Gottes wohlgefälliger Wille, daß jeder Mensch Trost bei ihm suchen soll, daß wenn die Trostgründe, welche Andere bieten, ihm geschmacklos werden, daß er dann zu Gott sich wendet, gehorsam dem Wort der Schrift: Habt Salz in euch selbst, und haltet Frieden mit einander. O, Du Leidender, und Du, der Du vielleicht aufrichtig und wohlmeinend zu trösten wünschest: streitet doch nicht den unnützen Streit mit einander! es giebt ja doch Einen, der sich ganz in Deine und jedes Leidenden Stelle versetzen kann: der Herr Jesus Christus.

Davon reden die verlesenen heiligen Worte:»Wir haben nicht einen Hohenpriester, der nicht könnte Mitleid haben mit unserer Schwachheit«, das ist: wir haben einen, der kann Mitleid haben mit unserer Schwachheit; und weiter»wir haben einen, der ist versucht allenthalben, gleichwie wir.« Dieses ist nämlich die Bedingung um wahres Mitleid haben zu *können* – denn das Mitleid des Unerfahrenen und Unversuchten ist Mißverständnis, ein für den Leidenden meist beschwerliches und verwundendes Mißverständnis. – Wir haben einen solchen Hohenpriester, der *kann* Mitleid haben. Und daß Er Mitleid haben *muß*, das siehst Du ja daraus, daß er aus Mitleid sich versuchen ließ allenthalben gleichwie wir; denn es geschah ja aus Mitleid, daß er zur Erde kam, und es war wieder aus Mitleid und um wahres Mitleid haben zu können, daß er versucht wurde allenthalben gleichwie wir, Er der sich nun ganz in Deine, in meine, in unsre Lage versetzen kann und es thut.

Davon wollen wir in dem vorgeschriebenen kurzen Augenblick reden.

Christus setzt sich ganz in Deine Stelle. Er war Gott und wurde Mensch – so setzte er sich in Deine Stelle. Dies will ja das wahre Mitleid so gern, es will sich so gern in die Lage des Leidenden versetzen, um recht trösten zu können. Aber dies vermag das menschliche Mitleid nicht; nur das göttliche Mitleid vermag es – und Gott wurde Mensch. Er wurde Mensch, und Er wurde der Mensch, der von Allen unbedingt am meisten gelitten hat; niemals ward ein Mensch geboren, und es wird und kann niemals einer geboren werden, der leiden sollte wie Er. O, welche Bürgschaft für Sein Mitleid, o welches Mitleid, das solche Bürgschaft giebt! Mitleidig öffnet er seine Arme für alle Leidende; kommet her, sagt Er, Alle, die ihr mühselig und beladen seid; kommet her zu mir, sagt Er, und er steht ein für sein Wort, denn er litt unbedingt am meisten. Aus Mitleid, um Trost zu sichern, leidet er unendlich mehr als der Leidende, welches Mitleid! Du Leidender, was forderst Du? Du forderst, daß der Mitleidende sich soll ganz in Deine Lage setzen, und Er, das

Mitleid selbst, setzt sich nicht blos in Deine Lage, er leidet unendlich mehr als Du! O, für einen Leidenden sieht es wol zuweilen so treulos aus, daß sich das Mitleid etwas zurück hält: aber hier, hier wagt sich das Mitleid voraus in das unendlich größere Leiden.

Er setzte sich und er kann sich ganz versetzen in Deine Lage, Du Leidender, wer Du auch bist. – Ist es zeitliche und irdische Bekümmerung, Armut, Sorge um das Auskommen und was dazu gehört: auch Er hat Hunger und Durst gelitten und grade in den schwierigsten Augenblicken seines Lebens, wo er zugleich geistig kämpfte, in der Wüste und am Kreuz; und zum täglichen Gebrauch besaß er nicht mehr als die Lilie auf dem Felde und der Vogel unter dem Himmel – so viel besitzt doch auch der Aermste! Und Er, der im Stall geboren und in eine Krippe gelegt wurde, Er hatte sein Leben hindurch nicht, wohin er sein Haupt lege – so viel Obdach hat doch auch der Obdachlose! Sollte Er sich nicht ganz in Deine Stelle setzen können und Dich verstehen!

Oder ist es Herzenssorge: auch Er hatte einmal Freunde, oder richtiger, er meinte einmal sie zu haben; aber als dann die Entscheidung kam, da verließen sie Ihn Alle, doch nein, nicht Alle, es blieben zwei zurück, der eine verriet ihn, der andere verleugnete ihn! Auch er hatte einmal Freunde, oder richtiger, er meinte einmal welche zu haben; sie schlossen sich so eng an ihn, sie stritten sogar darum, wer den Platz zu seiner Rechten einnehmen sollte und wer den Platz zu seiner Linken, bis die Entscheidung kam und er, statt auf den Thron erhoben zu werden, am Kreuz erhöht wurde; da wurden zwei Räuber wider ihren Willen gezwungen, den leeren Platz zu seiner Rechten und den leeren Platz zu seiner Linken einzunehmen! Meinst Du nicht, daß Er sich ganz in Deine Lage versetzen kann!

Oder ist es Sorge über die Schlechtigkeit der Welt, über den Widerstand, den Du und das Gute leiden mußt? Wenn es nur ganz gewiß ist, daß Du in Wahrheit das Gute und Wahre willst – o, dann wirst Du doch wol nicht wagen, Dich mit Ihm zu vergleichen, Du, ein Sünder, mit Ihm, dem Heiligen, der zuerst diese Leiden erlebte, so daß Du höchstens in Aehnlichkeit mit ihm leiden kannst, und der ewig diese Leiden heiligte, also auch Deine, wenn Du anders in Aehnlichkeit mit ihm leidest. Er wurde verachtet, verfolgt, verhöhnt, verspottet, bespeit, gegeißelt, mißhandelt, gekreuzigt, verlassen von Gott unter allgemeinem Jubel gekreuzigt: was Du auch gelitten hast und wer Du auch bist, meinst Du nicht, daß er sich ganz in Deine Lage setzen kann!

Oder ist es die Sorge über die Sünde der Welt und ihre Ungöttlichkeit, die Sorge darüber, daß die Welt im Argen liegt, die Sorge darüber, wie tief die Menschen gefallen sind, die Sorge darüber, daß Gold für Tugend gilt, daß Macht Recht ist, daß die Menge die Wahrheit ist, daß nur die Lüge Anklang findet, daß nur das Böse siegt, daß nur die Selbstliebe geliebt wird, daß nur die Mittelmäßigkeit gelobt, nur die Klugheit geachtet, nur die Halbheit gepriesen wird und nur die Niederträchtigkeit vorwärts kommt: o in dieser Hinsicht würdest Du doch wol nicht wagen Deine Sorge zu vergleichen mit der Sorge, welche der Erlöser der Welt trug; wie sollte er sich nicht ganz in Deine Stelle setzen können! – Und so bei jedem Leiden.

Und deshalb Du Leidender, wer Du auch bist, schließ Dich nicht verzweifelt mit Deinen Leiden ein, als könnte Keiner, auch Er nicht, Dich verstehen; rufe auch nicht ungeduldig Deine Leiden aus, als wären sie so fürchterlich, daß auch Er sich nicht ganz in Deine Lage versetzen könnte; sei nicht vermessen, sondern bedenke, daß er unbedingt und ohne allen Vergleich von Allen am meisten gelitten hat. Denn willst Du wissen, wer am meisten leidet, nun, so laß es mich Dir sagen. Nicht der unterdrückte Schrei stummer Verzweiflung, auch nicht der gellende Aufschrei, der Andre schreckt, giebt den Ausschlag, nein grade das Gegenteil. Der leidet unbedingt am meisten, von dem in Wahrheit gilt, daß er gar keinen anderen Trost hat als den: Andere zu trösten; denn das ist doch und zwar allein der wahre Ausdruck dafür, daß sich in Wahrheit Keiner in seine Lage versetzen kann. Und so ist es bei ihm, dem Herrn Jesus Christus; er war nicht ein Leidender, der bei Andern Trost suchte, noch weniger fand er ihn bei Andern, noch weniger klagte er darüber, daß er ihn bei Andern nicht finde, nein er war *der* Leidende, dessen einziger, unbedingt einziger Trost war, Andern ein Trost sein. Sieh hier bist Du zur höchsten Höhe des Leidens gekommen, aber auch zur Grenze des Leidens, wo Alles sich umkehrt; denn Er, grade Er ist »der Tröster«. Er ist der Einzige, von dem in Wahrheit galt, daß Keiner sich in seine Stelle versetzen konnte – wie wahr, wenn er so

geklagt hätte! – aber Er kann sich ganz in Deine und jedes Leidenden Stelle versetzen. Klagst Du, daß gar Keiner sich in Deine Lage
setzen könne, nun wol, so beweise es; dann ist für Dich nur Eins
übrig, werde selbst der, welcher Andere tröstet. Dies ist der einzige
Beweis, durch den Du zeigen kannst daß sich in Wahrheit Keiner in
Deine Lage setzen kann. So lange Du darüber klagst, so lange bist
Du mit Dir selbst darin nicht einig, sonst würdest Du wenigstens
schweigen. Aber wenn Du auch schwiegest, so lange Du nicht auf
Dich nimmst Andre zu trösten, so lange bist Du mit Dir selbst nicht
ganz einig darin, daß keiner sich in Deine Lage setzen könne. Du
sitzest dann doch nur in stummer Verzweiflung, wieder und wieder
mit dem Gedanken beschäftigt, daß Keiner sich in Deine Lage setzen könne, das heißt, Du mußt jeden Augenblick diesen Gedanken
fest machen, er ist also nicht fest, und er ist nicht ganz Wahrheit in
Dir. Doch wahr kann es ja auch nicht bei einem Menschen sein, daß
Keiner sich in seine Lage setzen könne; denn grade Er, Jesus Christus, in dessen Stelle sich Keiner, weder ganz noch teilweise, versetzen kann, grade Er kann sich ganz in Deine Stelle setzen.

*Er setzte sich ganz in Deine Stelle, wer Du auch bist, der Du in Versu-
chung und Anfechtung versucht wirst. Er kann sich ganz in Deine Stelle
setzen* »versucht allenthalben gleich wie wir«.

Wie bei dem Leidenden so bei dem Versuchten und Angefochte-
nen, auch er klagt gern, daß ihn nicht verstehe, wer ihn trösten oder
beraten oder warnen will, daß er sich nicht in seine Lage versetzen
könne. »Wärst Du in meiner Lage« sagt er »oder könntest Du Dich
in meine Lage versetzen, könntest Du verstehen, mit welch schrecklicher Macht die Versuchung mich umspannt, könntest Du verstehen, wie fürchterlich die Anfechtung jeder meiner Anstrengungen
spottet: so würdest Du anders urteilen. Du kannst leicht ruhig davon reden, leicht Dich selbst besser fühlen, weil Du in der Versuchung nicht fielst, nicht erlagst unter der Anfechtung – Du bist weder in der einen noch in der andern versucht. Wärst Du an meiner
Stelle!«

O, mein Freund, streite nicht einen unnützen Streit, der nur Dir
selbst und Andern das Leben verbittert: es giebt doch Einen, der
sich ganz in Deine Lage setzen kann, den Herrn Jesus Christus, der
»weil er gelitten hat und versucht ist, kann helfen denen, die versucht werden« (Ebr. 2, 18); es giebt Einen, der sich ganz an Deine

Stelle setzen kann, Jesus Christus, welcher jede Versuchung in Wahrheit kennen lernte, dadurch daß er in jeder Versuchung bestand. – Ist es Nahrungssorge und ganz buchstäblich im strengsten Sinn Sorge um Nahrung, so daß der Hungertod droht: auch Er wurde so versucht; versucht Dich das dummdreiste Wagen: auch Er wurde so versucht; wirst Du versucht von Gott abzufallen: auch Er wurde so versucht; ganz kann Er sich in Deine Lage versetzen, wer Du auch bist. Wirst Du in der Einsamkeit versucht, auch Er, den der böse Geist ja hinaus in die Einsamkeit führte, um ihn zu versuchen. Wirst Du in der Verwirrung der Welt versucht, auch Er, dessen guter Geist ihn abhielt, daß er sich nicht von der Welt zurück zog, bis er das Werk der Liebe vollendet hatte. Wirst Du versucht in dem großen Augenblick der Entscheidung, wenn es gilt Allem zu entsagen: auch Er; oder wirst Du im nächsten Augenblick versucht zu bereuen, daß Du Alles opfertest: auch Er. Wirst Du in der ermattenden Spannung versucht, das Schreckliche bald herbeizuwünschen, oder wirst Du versucht, Dir verschmachtend den Tod zu wünschen: auch Er. Ist die Versuchung die, daß Du von Menschen verlassen bist: auch Er wurde so versucht; ist es die – doch nein, die Anfechtung hat doch wol kein Mensch erlebt, die Anfechtung von Gott verlassen zu sein; aber Er wurde so versucht. Und so in jeder Weise.

Und deshalb, wer Du auch bist, verstumme nicht in Verzweiflung, als wäre die Versuchung übermenschlich und für Niemand verständlich, male auch nicht ungeduldig die Größe Deiner Versuchung aus, als könnte auch Er sich nicht ganz in Deine Stelle setzen. Denn willst Du wissen, was dazu gehört, um in Wahrheit beurteilen zu können, wie groß eine Versuchung ist, nun so laß es mich Dir sagen. Es gehört dazu, daß Du in der Versuchung bestanden hast. Erst dann erfährst Du in Wahrheit, wie groß die Versuchung war. So lange Du nicht bestanden hast, weißt Du nur, was die Versuchung Dir einbildet, grade um Dich zu versuchen; also die Unwahrheit. Von der Versuchung Wahrheit zu fordern, das ist zu viel verlangt; die Versuchung ist ein Betrüger und Lügner, sie hütet sich die Wahrheit zu sagen, denn ihre Macht ist grade die Unwahrheit. Willst Du die Wahrheit wissen, so mußt Du sehen der Stärkere zu werden, also sie zu bestehen. Und deshalb giebt es nur Einen, welcher ganz genau die Größe jeder Versuchung kennt, und sich ganz in die Lage jedes Versuchten setzen kann: Er, der versucht wurde allenthalben gleichwie wir, aber auch in jeder Versuchung bestand. Nimm Dich in Acht leidenschaftlich die Versuchung zu schildern und über ihre Größe zu klagen; mit jedem Schritt weiter auf diesem Wege, klagst Du Dich selbst nur immer mehr an. Du kannst auch Dein Unterliegen nicht damit entschuldigen, daß Du immer übertriebener die Größe der Versuchung schilderst; denn Alles, was Du sagst, ist ja Unwahrheit, da Du die Wahrheit erst erfährst, wenn Du die Versuchung bestehst. Vielleicht könnte Dir ein andrer Mensch helfen, der auf gleiche Weise versucht wurde, aber bestand, denn er weiß die Wahrheit. Aber selbst wenn Dir kein Mensch so helfen könnte: es giebt doch Einen, der sich ganz in Deine Lage setzen kann, Er der versucht wurde allenthalben gleichwie wir, aber die Versuchung bestand. Von ihm kannst Du die Wahrheit erfahren, doch nur dann wenn Er sieht, daß es Dein redlicher Wille ist, in der Versuchung zu bestehen. Oder meinst Du vielleicht, es könnte Dich nur Einer verstehen, der in derselben Versuchung erlag, so daß ihr Beide euch verstündet – in Unwahrheit! Heißt das einander »verstehen«? Nein, hier ist die Grenze, wo Alles sich umwendet: es giebt nur Einen, der in Wahrheit sich ganz in die Lage jedes Versuchten setzen kann – und Er kann es grade, weil er allein in jeder Versuchung bestand. Aber zugleich, o, vergiß es nicht. Er kann sich ganz in Deine Lage versetzen.

Er setzte sich ganz in Deine Lage, er wurde versucht allenthalben gleichwie wir – **doch ohne Sünde.** Also in dieser Hinsicht versetzte er sich nicht in Deine Stelle, kann er sich nicht ganz in Deine Stelle setzen, Er, der Heilige, wie sollte es möglich sein! Unendlich groß ist der Unterschied zwischen Gott, der im Himmel ist, und Dir, der Du auf Erden bist: unendlich größer ist der Unterschied zwischen dem Heiligen und Dir dem Sünder.

O, und doch, auch in dieser Hinsicht, wenn auch in ganz andrer Weise setzte Er sich ganz in Deine Stelle. Denn wenn das Leiden und Sterben des Erlösers die Sühne für Deine Sünde und Schuld ist – wenn es die Genugthuung, die Sühne ist, so tritt sie ja für Dich ein, oder Er, der Sühner tritt in Deine Stelle, an Deiner Stelle leidend die Strafe der Sünde, damit Du gerettet würdest, an Deiner Stelle den Tod für Dich leidend, damit Du leben möchtest: setzt er sich da nicht ganz in Deine Stelle? Hier gilt es ja noch buchstäblicher als in dem Vorigen, wo es nur bezeichnete, daß er Dich ganz verstehen kann, während Du doch an Deiner Stelle bleibst und Er an der seinen. Aber die Genugthuung der Versöhnung bedeutet ja, daß Du zur Seite trittst, und Er Deine Stelle einnimmt: setzt er sich da nicht ganz in Deine Stelle?

Was ist nämlich »der Versöhner« Anderes, als ein Stellvertreter, welcher ganz an Deine und meine Stelle tritt, und was ist der Trost der Versöhnung Anderes als dies, daß der Stellvertreter genugthuend an Deine und meine Stelle tritt! Wenn die strafende Gerechtigkeit hier in der Welt oder jenseits im Gericht die Stelle sucht, wo ich Sünder mit meinen vielen Sünden stehe, – da trifft sie nicht mich; ich stehe nicht mehr an der Stelle; ich habe sie verlassen; es steht ein Anderer an meiner Stelle, ein anderer der sich ganz in meine Stelle setzt; ich stehe gerettet an der Seite dieses Andern, an der Seite meines Versöhners, der sich ganz in meine Stelle setzte! Hab Dank dafür, Herr Jesus Christus!

Mein Zuhörer, einen solchen Hohenpriester haben wir: wer Du auch bist und wie Du auch leidest, er kann sich ganz in Deine Stelle setzen; wer Du auch bist und wie Du auch versucht wirst, er kann sich ganz in Deine Stelle setzen; wer Du auch bist, o Sünder, wie wir es Alle sind, er setzt sich ganz in Deine Stelle. Du gehst nun hinauf zu dem Altare, wieder wird Dir das Brod gereicht und der Wein, sein heiliger Leib und sein heiliges Blut, wieder zum ewigen Pfand dafür, daß Er durch sein Leiden und Sterben sich auch in Deine Stelle setzte, auf daß Du durch ihn gerettet, an dem Gericht vorüber darfst eingehen zum Leben, wo wieder Er Dir die Stätte bereitet hat.

II.

Herr Jesus Christus, laß Du Deinen heiligen Geist uns recht erleuchten und überführen von unsrer Sünde, daß wir gedemütigt mit gesenktem Blick erkennen, wie weit, weit entfernt wir stehen, und seufzen: Gott sei mir Sünder gnädig; aber dann laß Du uns auch durch Deine Gnade widerfahren, was Du von dem Zöllner sagst, der hinauf ging zum Tempel anzubeten: er ging gerechtfertigt in sein Haus.

Luc. 18, 13. Und der Zöllner stand von ferne, wollte auch seine Augen nicht aufheben gen Himmel, sondern schlug an seine Brust und sprach: Gott sei mir Sünder gnädig.

Andächtiger Zuhörer, die vorgelesenen Worte sind, wie Du weißt, aus dem Evangelium von dem Pharisäer und dem Zöllner. Der Pharisäer ist der Heuchler, der sich selbst betrügt und Gott betrügen will; der Zöllner ist der Aufrichtige, welchen Gott rechtfertigt. Aber es giebt ja auch eine andre Art Heuchelei; Heuchler, die dem Pharisäer gleichen, während sie den Zöllner zum Vorbild wählen, Heuchler die nach dem Wort der Schrift über die Pharisäer: »sich selbst vermessen, daß sie fromm seien und die Andern verachten«, während sie sich doch das Aussehen des Zöllners geben, scheinheilig weit entfernt stehen, nicht wie der Pharisäer, der stolz dastand; die scheinheilig das Auge zur Erde senken, nicht wie der Pharisäer, der stolz den Blick zum Himmel erhob; die scheinheilig seufzen »Gott sei mir Sünder gnädig«, nicht wie der Pharisäer, der stolz Gott dankte, daß er gerecht sei; es giebt Heuchler, die scheinheilig sagen: ich danke Dir Gott, daß ich nicht bin wie dieser Pharisäer, gleichwie der Pharisäer Gott spottend sagte in seinem Gebet »ich danke Dir Gott, daß ich nicht bin wie dieser Zöllner.« Ach ja, gewiß ist es so; das Christentum kam in die Welt und lehrte Demut, aber nicht Alle lernten Demut vom Christentum; die Heuchelei lernte die Maske verändern und blieb dieselbe oder wurde vielmehr noch schlimmer. Das Christentum kam in die Welt und lehrte, daß Du nicht stolz und eitel den obersten Platz bei einem Gastmahl suchen, sondern Dich unten hin setzen sollst – und bald saß Stolz und Eitelkeit zu unterst am Tisch; dieselbe Eitelkeit, o nein eine noch schlimmere. So könnte man meinen, es sei nötig dieses und fast alle Evangelien um zu kehren, weil Heuchelei und Stolz und Eitelkeit und weltlicher Sinn die Sache umkehrt. Doch was sollte das wol helfen? Nur krankhafter Scharfsinn und eitle Klugheit können meinen so klug zu sein um den Mißbrauch zu verhindern. Nein, es giebt nur Eins, das alle Hinterlist überwindet und von Anfang an unendlich überwunden hat, das ist die Einfalt des Evangeliums; die sich einfältig gleichsam betrügen läßt und doch bleibt, was sie ist, die Einfalt. Und auch dies ist das Erbauliche bei der Einfalt des Evangeliums, daß das Böse nicht die Macht darüber bekommen kann, sie klug zu machen, oder dahin zu bringen, daß sie klug sein möchte. Wahrlich das Böse hat bereits einen und einen sehr bedenklichen Sieg gewonnen, wenn es die Einfalt dahin bringt, daß sie klug sein will – um sich zu sichern. Denn gesichert, ewig gesichert ist die Einfalt nur, wenn sie einfältig sich betrügen läßt, wie klar sie auch den Betrug durchschaut.

So laß uns denn in dem vorgeschriebenen kurzen Augenblick einfältig den Zöllner betrachten. Er ist durch alle Zeiten als das Vorbild eines aufrichtigen und gottesfürchtigen Kirchgängers dargestellt worden. Und doch scheint mir, daß er noch mehr zu den Abendmahlsgästen gehört, er der sagte »Gott sei mir Sünder gnädig«. Ist es nicht, als ginge er jetzt zum Altar; er von dem gesagt wird »er ging gerechtfertigt hinab in sein Haus« – ist es nicht, als ging er jetzt heim vom Altar.

Der Zöllner *stand von ferne*. Was will das sagen? Es will sagen: allein für sich stehen, allein mit sich selbst vor Gott – dann bist Du weit entfernt, weit entfernt von Menschen, und weit entfernt von Gott, mit dem Du doch allein bist. Denn wenn Du mit einem Menschen allein bist, bist Du ihm am nächsten, wenn noch Andere da sind, bist Du ihm ferner, aber Gott scheinst Du näher zu sein, wenn noch mehrere da sind, und erst wenn Du buchstäblich allein mit ihm bist, entdeckst Du, wie ferne Du stehst. O, wenn Du auch nicht ein solcher Sünder bist wie der Zöllner, den auch die menschliche Gerechtigkeit schuldig spricht: wenn Du mit Dir selbst allein vor Gott bist, so stehst Du doch weit entfernt. Sobald Jemand zwischen Dir und Gott ist, wirst Du leicht getäuscht, als wärst Du nicht so weit entfernt; ja auch wenn die Andern in Deinen Gedanken besser und vollkommener sind als Du, Du stehst doch nicht so von ferne, wie wenn Du allein vor Gott bist. Sobald Einer zwischen Dich und

Gott tritt, gleichviel ob Du ihn für vollkommener oder für unvollkommener achtest, bekommst Du einen betrügerischen Maßstab, den Maßstab menschlicher Vergleichung. Es ist, als könnte dann doch ausgemessen werden, wie weit Du entfernt bist, und dann bist Du nicht weit entfernt.

Aber der Pharisäer, der ja für sich dastand, stand er nicht auch von ferne? Ja, wenn er in Wahrheit für sich allein gestanden hätte, dann hätte er auch von ferne gestanden. Aber er stand nicht in Wahrheit für sich; das Evangelium sagt, er stand und dankte Gott, daß er nicht wäre wie andere Menschen. Und wenn man die andern Menschen mit sich hat, so steht man ja nicht für sich allein. Grade darin lag der Stolz des Pharisäers, daß er die andern Menschen brauchte um seinen Abstand von ihnen zu messen, daß er den Gedanken an sie vor Gott nicht wollte fahren lassen, um dann stolz für sich zu stehen – im Gegensatz zu den andern Menschen. Aber das ist ja nicht für sich allein stehen und am wenigsten allein vor Gott stehen.

Der Zöllner stand von ferne. Sich seiner Schuld und seiner Vergehen bewußt, war er wol weniger versucht, an andre Menschen zu denken, da er sie ja für besser achten mußte als sich selbst. Doch das wollen wir nicht entscheiden; aber gewiß ist, er hatte all die Andern vergessen. Er war allein, allein mit dem Bewußtsein seiner Schuld und seiner Vergehen, er hatte ganz vergessen, daß es ja auch noch viele andre Zöllner gab; er war als wäre er der einzige Zöllner. Er stand nicht mit seiner Schuld vor einem gerechten Menschen, er war allein vor Gott – o, das heißt von ferne stehen. Denn was ist weiter entfernt von Schuld und Sünde als Gottes Heiligkeit – und dann als Sünder mit dem heiligen Gott allein sein, heißt das nicht unendlich fern stehen!

Und er wollte auch seine Augen nicht aufheben gen Himmel, er schlug also das Auge nieder. Ja was Wunder wol! O, schon äußerlich ist ja in dem Unendlichen Etwas, das den Menschen überwältigt; sein Auge hat Nichts, was es festhalten könnte, es verursacht Schwindel – da muß man das Auge schließen: und wer allein mit seiner Schuld und Sünde ist und weiß, daß er Gottes Heiligkeit und nichts Anderes sieht, wenn er das Auge aufschlägt, er lernt wol das Auge niederschlagen; oder er sieht vielleicht auf und sieht Gottes Heiligkeit –

und dann schlägt er das Auge nieder. Er sieht nieder und sieht sein Elend, und die Vorstellung von Gottes Heiligkeit drückt sein Auge nieder, schwerer als der Schlaf auf die Augenlider des Erschöpften drückt, schwerer als der Schlaf des Todes das Auge nieder drückt; wie der Erschöpfte, ja wie der Sterbende so vermag er das Auge nicht zu erheben.

Er wollte auch seine Augen nicht aufheben gen Himmel; aber er, der mit niedergeschlagenem Blick *in* sich gekehrt, nur sein Elend *einsah – er sah auch nicht zur Seite,* wie der Pharisäer, der »diesen Zöllner« sah; denn wir lesen ja, er dankte Gott, daß er nicht war wie dieser Zöllner. Dieser Zöllner sah nicht den Pharisäer; da der Pharisäer heimkam, wußte er, daß dieser Zöllner in der Kirche gewesen war, aber der Zöllner wußte nicht davon, daß der Pharisäer dagewesen war. Stolz fand der Pharisäer eine Befriedigung darin, daß er den Zöllner sah; demütig sah der Zöllner niemand, auch nicht diesen Pharisäer; mit niedergeschlagenem, in sich gekehrtem Blick war er in Wahrheit vor Gott.

Und schlug an seine Brust und sprach: Gott sei mir Sünder gnädig. O, meine Zuhörer, wenn ein Mensch in der Einsamkeit der Wüste von einem reißenden Tier überfallen wird, so kommt der Schrei von selbst, und wenn einer auf abgelegenem Wege unter Räuber fällt, so erfindet der Schreck selbst den Schrei. So auch bei dem unendlich Schrecklicheren. Wenn Du allein bist, allein auf der Stelle, die einsamer ist als die Wüste – denn selbst in der einsamsten Wüste könnte doch ein anderer Mensch kommen; allein auf der Stelle, die einsamer ist als der abgelegenste Weg, wo doch ein Anderer kommen könnte; wenn Du allein als Einzelner vor Gottes Heiligkeit bist: so kommt der Schrei von selbst. Dort allein vor Gottes Heiligkeit lernst Du, daß es Dir nichts hilft, Andere zu Hilfe zu rufen, weil dort, wo Du der Einzelne bist, buchstäblich kein Anderer ist als Du, weil es das unmöglichste von Allem ist, daß dorthin ein Anderer als Du kommt, denn mit Gottes Heiligkeit hast Du es allein zu thun – aber dann, wie die Not das Gebet erfunden hat, so erfindet dann der Schreck diesen Schrei »Gott sei mir Sünder gnädig«. Und der Schrei, der Seufzer ist so aufrichtig in Dir – ja, wie sollte er auch nicht! Wird wol der Angstschrei heucheln, wenn sich in der Seenot der Abgrund öffnet; ob er auch weiß, daß der Sturm seiner schwachen Stimme spottet, daß die Möve ihn gleichgiltig hört, er schreit doch auf; ist da nicht Wahrheit in dem Schrei? So auch bei dem, was in ganz anderem Sinne unendlich fürchterlicher ist, bei der Vorstellung von Gottes Heiligkeit, wenn man als Sünder allein vor ihr ist. Was sollte da für Heuchelei sein in dem Ruf: Gott sei mir Sünder gnädig! Wenn bloß die Gefahr und der Schreck wirklich ist, so ist der Schrei immer aufrichtig, doch dabei, Gott sei gelobt, auch nicht vergebens.

Der Pharisäer dagegen war nicht in Gefahr; er stand stolz und sicher und selbstzufrieden, von ihm hört man keinen Schrei. Was will das sagen? das will zugleich etwas ganz Anderes sagen: er war auch nicht vor Gott.

Und nun der Schluß: *der Zöllner ging hinab gerechtfertigt in sein Haus.*

Er ging gerechtfertigt hinab in sein Haus. Denn auch von diesem Zöllner gilt ja doch, was die Schrift von allen Zöllnern und Sündern sagt, daß sie sich nahe zu Christus hielten: grade dadurch daß er von ferne stand, hielt er sich nahe zu ihm, während der Pharisäer in vermessener Zudringlichkeit weit, weit entfernt stand. So kehrt sich das Gleichniß um. Es beginnt damit, daß der Pharisäer nahe stand, der Zöllner von ferne; es endet damit, daß der Pharisäer weit entfernt steht und der Zöllner nahe. – Er ging gerechtfertigt hinab in sein Haus. Denn er schlug die Augen nieder, aber der niedergeschlagene Blick *sieht* Gott, und der niedergeschlagene Blick ist die *Erhebung* des Herzens. Kein Blick ist so scharfsichtig wie der des Glaubens, und doch ist der Glaube, menschlich gesprochen, blind; denn menschlich gesprochen ist die Vernunft, oder der Verstand das Sehende, aber der Glaube ist gegen den Verstand. So ist der niedergeschlagene Blick sehend, und was der niedergeschlagene Blick bedeutet, die Demütigung, die ist grade Erhebung. Das Gleichniß kehrt sich wieder um, da die Beiden vom Tempel heimgehen. Der erhoben wurde, ist der Zöllner, damit endet es; aber der Pharisäer, der damit begann stolz sein Auge zum Himmel zu erheben, ihm widersteht Gott, und Gottes Widerstand drückt vernichtend nieder. In alten Zeiten war es nicht wie jetzt, wo die Sternkundigen einen Bau in die Höhe führen, von welchem sie die Sterne beobachten, in alter Zeit grub man in die Erde hinein, und beobachtete die Sterne von unten: Gott gegenüber ist keine Veränderung geschehen und geschieht keine – zur Gott wird man nur erhoben, wenn man niedersteigt; so wenig wie das Wasser seine Natur verändert und die Berge hinaufläuft, so wenig kann es einem Menschen glücken sich zu Gott zu erheben – durch Stolz. – Er ging gerechtfertigt heim in sein Haus. Denn die Selbstanklage ist die Möglichkeit der *Rechtfertigung*. Und der Zöllner klagte sich selbst an. Keiner war da, der ihn anklagte; nicht die bürgerliche Gerechtigkeit griff ihn an der Brust und sagte »Du bist ein Verbrecher«, nicht die Menschen, die er vielleicht betrogen hatte, schlugen ihn an seine Brust und sagten: »Du bist ein Betrüger« – sondern er schlug an seine Brust und sagte: Gott sei mir Sünder gnädig; er klagt sich selbst an, daß er ein Sünder vor Gott ist. Das Gleichniß kehrt sich wieder um. Der Pharisäer, der weit entfernt sich anzuklagen, stolz sich rühmte – da er weggeht, ist er vor Gott angeklagt; er weiß nicht davon, aber indem er fortgeht, klagte er sich selbst vor Gott an. Der Zöllner beginnt damit sich selbst anzuklagen. Der Pharisäer ging heim mit der neuen, der im strengsten Sinn himmelschreienden Sünde, mit einer Sünde mehr zu all den früheren, die er behalten hat: der Zöllner ging gerechtfertigt in sein Haus. Wer sich vor Gott rechtfertigen will, der macht sich grade schuldig; aber wer vor Gott an seine Brust schlägt und spricht »Gott sei mir Sünder gnädig«, der wird grade gerechtfertigt, oder dies ist doch die Bedingung dafür, daß Gott ihn gerechtfertigt erklärt.

So mit dem Zöllner. Aber nun Du, mein Zuhörer! Die Aehnlichkeit liegt so nahe. Von der Beichte her nahst Du dem Altare. Aber beichten ist ja grade *von ferne stehen*; je aufrichtiger Du beichtest, um so weiter stehst Du – und um so wahrer ist, daß Du bei dem Altare kniest, da das Knieen wie ein Sinnbild für das von ferne stehen ist, für das weit entfernt sein von dem, der im Himmel ist, von dem also der Abstand am größten wird, wenn Du knieend zur Erde sinkst – und doch bist Du bei dem Altare Gott am nächsten. – Beichten ist ja grade *das Auge niederschlagen*, nicht den Blick zum Himmel erheben wollen, nicht auf Andere sehen wollen; je aufrichtiger Du beichtest, um so mehr wirst Du das Auge niederschlagen, desto weniger wirst Du auf einen Andern sehen – und desto wahrer ist, daß Du bei dem Altare kniest, da das Niederknieen ein noch stärkerer Ausdruck ist, als das Niederschlagen der Augen, denn wer nur die Augen niederschlägt, steht doch selbst noch etwas erhoben –

und doch ist grade bei dem Altar Dein Herz erhoben zu Gott. – Beichten ist grade *an seine Brust schlagen*, und ohne sich von den Gedanken an die einzelnen Sünden zerstreuen zu lassen. Alles am kürzesten und wahrsten in dem Einen zu sammeln: *Gott sei mir Sünder gnädig;* je innerlicher Du beichtest, desto mehr wird all Dein Beichten in diesem stummen Zeichen enden, daß Du an Deine Brust schlägst und in dem Seufzer: Gott sei mir Sünder gnädig, und um so wahrer ist, daß Du bei dem Altar kniest, denn ein Knieender drückt aus, daß er sich selbst verurteilt und um Gnade bittet – und doch ist bei dem Altare die Rechtfertigung.

Er ging gerechtfertigt in sein Haus. Und Du mein Zuhörer, wenn Du von dem Altare heim in Dein Haus gehst, da grüßt man Dich in frommer Teilnahme mit dem Wunsch: »zu Heil und Segen« in der Zuversicht, daß Du bei dem Altare Deine Rechtfertigung fandest, daß der Besuch Dir zu Heil und Segen wurde. O, der natürliche Mensch findet am meisten Befriedigung darin aufrecht zu stehen; wer in Wahrheit Gott kennen lernte und dabei sich selbst kennen lernte, der findet nur darin Seligkeit, auf seine Knie zu fallen, anbetend wenn er an Gott denkt, reuig wenn er an sich denkt. Biete ihm, was Du willst, er begehrt nur Eins gleich jenem Weibe, die – nicht das das beste Teil, denn hier kann von keiner Vergleichung die Rede sein – nein, die nach dem Worte der Schrift das *gute* Teil erwählte, da sie sich zu den Füßen des Erlösers niedersetzte; so begehrt Er nur Eins: zu knieen an Seinem Altare.

III.

Luc. 7, 36-50. »Das Weib soll schweigen in der Gemeinde«
und insofern nicht lehren – doch grade das Schweigen vor
Gott gehört ja hauptsächlich mit zur wahren Frömmigkeit
und das muß man also von dem »Weibe« lernen können.

Von einem Weibe lernst Du daher auch das Außerordentliche
demütig glauben, demütig glauben wie Maria, die sagte »siehe ich
bin des Herrn Magd« – sie *sagte* es, aber sieh', dies sagen ist recht
eigentlich schweigen. Von einem Weibe lernst Du recht auf das
Wort hören, von Maria, die obschon sie »nicht verstand das Wort,
das gesagt wurde« es doch »behielt in ihrem Herzen«, also nicht
verlangte zuerst zu verstehen, sondern schweigend das Wort an der
rechten Stelle bewahrte; denn das ist ja die rechte Stelle, wenn das
Wort, die gute Saat, »behalten wird in einem feinen und guten Herzen«. Von einem Weibe, lernst Du die stille, tiefe, gottesfürchtige
Trauer die vor Gott schweigt; denn wol drang, wie vorausgesagt
war, ein Schwert durch ihre Seele, aber sie verzweifelte nicht, weder
über die Ankündigung noch da es geschah. Von einem Weibe lernst
Du die Bekümmerung um das eine Notwendige, von Maria, der
Schwester des Lazarus, die still zu Jesu Füßen saß und das Eine,
was not ist, wählte.

So kannst Du auch von einem Weibe die rechte Sorge um die
Sünde lernen, von der Sünderin, deren viele Sünden längst, längst
vergessen sind, aber welche selbst ewig unvergessen bleibt.

**So laß uns denn achten auf die Sünderin und darauf, was wir
von ihr lernen können.**

Zuerst können wir lernen: *wie sie zu werden, gleichgiltig gegen alles
Andere in unbedingter Sorge um unsere Sünden*, doch so, daß Eins uns
wichtig und zwar unbedingt wichtig ist, nämlich – *Vergebung zu
finden.*

Mein Zuhörer! Bekümmerte Menschen sieht man oft genug im
Leben, die bald über dies bald über Jenes sich bekümmern, zuweilen über Vielerlei zu gleicher Zeit; ja auch solche, die selbst nicht
recht wissen, worüber sie bekümmert sind: aber schon selten sieht

man Einen, der nur um Eins bekümmert ist und um dies Eine so unbedingt, daß alles Andere ihm unbedingt gleichgiltig wird.

Doch ist dies zu sehen, wenn auch nicht gewöhnlich; ich habe gesehen, und Du vielleicht auch, den der in Liebe unglücklich wurde und dem dann Alles für immer oder eine Zeit lang gleichgiltig wurde; aber das war ja nicht Sorge über seine Sünde. Ebenso den, dessen kühne Pläne in einem Nu an unerwartetem Hindernis stranderten, und dem dann Alles, eine Zeit lang oder für immer gleichgiltig war; aber das ist nicht Sorge über seine Sünde. Auch den, der mit der Länge der Zeit kämpfte und lange kämpfte; er hielt aus, noch gestern hielt er aus, heute blieb die Erneuerung im Innern aus, er sank zusammen, Alles wurde ihm gleichgiltig; aber das ist nicht Sorge über seine Sünde. Ich habe – und Du wol auch – den Schwermütigen gesehen und wie er Alles fremd und gleichgiltig betrachtet; Alles ist ihm zu leicht, weil sein Sinn so schwer ist; aber Sorge über seine Sünde ist das nicht. Und den, der mit schrecklicher Lebenslust Jahr um Jahr Verbrechen auf Verbrechen häufte, dessen meiste Zeit hingebracht wurde mit sündigen – bis er vernichtet dastand und Alles ihm gleichgiltig wurde aber wahrlich, Sorge über seine Sünde war es nicht – es waren Sünden genug, Sorge über die Sünde aber war nicht da. Es giebt Eins, das ist ganz allgemein, es findet sich bei Allen und bei Jedem, bei Dir wie ich es bei mir selbst finde: Sünde und Sünden; und es giebt Eins, das ist seltener: Sorge über seine Sünde.

Doch ich habe gesehen, und Du vielleicht auch – den, der unbedingt nur über Eins sorgte und über seine Sünde. Sie folgte ihm überall, ja, sie verfolgte ihn am Tage und im Traume in der Nacht, bei der Arbeit und nach der Arbeit wenn er vergebens Ruhe suchte, in der Einsamkeit und wenn er vergebens Zerstreuung suchte in der Gesellschaft Anderer. Sie verwundete ihn von hinten, wenn er sich zur Zukunft wendete, und von vorn, wenn er sich zur Vergangenheit wendete; sie lehrte ihn den Tod wünschen und das Leben fürchten und dann wieder den Tod fürchten und das Leben wünschen, sie tödtete ihn nicht, aber sie nahm ihm doch das Leben, sie machte ihn bangen vor sich selbst wie vor einem Gespenst, sie machte ihm Alles, Alles unendlich gleichgiltig – aber sieh, diese Sorge war Verzweiflung. Es giebt eben Eins, das ist ganz allgemein, Du kannst es finden bei Allen und bei Jedem, bei Dir selbst, wie ich es bei mir selbst finde: Sünde und Sünden; und es giebt Eins, das ist sehr selten: die wahre Sorge über seine Sünden, weshalb es wol nötig wäre, daß jeden Sonntag in der Kirche gebetet würde »daß wir lernen möchten um unsre Sünden zu sorgen«. Wohl dem, bei dem sich diese wahre Sorge über seine Sünde findet, dem alles Andere unendlich gleichgiltig geworden ist und nur Eins unbedingt wichtig. Wohl ihm, seine Gleichgiltigkeit gegen alles Andere ist wie die tödtliche Krankheit des Lazarus, die doch durchaus nicht zum Tode war, sondern grade zum Leben, weil das Leben in dem Einen ist, welches ihm unbedingt wichtig ist, nämlich in der *Vergebung*.

Achte daher auf die Sünderin, daß Du von ihr lernen mögest. Ihr war Alles gleichgiltig geworden, sie hatte keine Bekümmerung, nur die über ihre Sünde; jede andere Bekümmerung war als wäre sie nicht, weil jene Sorge ihr allein wichtig war. Diese Sorglosigkeit gegen alles Andre ist, wenn Du so willst, der Segen darüber, daß man nur um Eines sorgt und das Kennzeichen dafür, daß man nur eine Sorge hat.

So bei der Sünderin. Aber wie anders meist im Leben! Wenn ein Mensch, der doch nicht frei von Sünde und Schuld ist, zugleich andere Bekümmerungen hat und dadurch beschwert und gebeugt ist, da verwechselt er es vielleicht und will diese Bedrücktheit als Bekümmerung über seine Sünde gelten lassen, als würde bloß verlangt, daß der Mensch bekümmert sei, während *gefordert* wird, daß er über seine *Sünde* bekümmert sein soll und *nicht* über Anderes; aber er verwechselt das und merkt nicht, daß er die andern Bekümmerungen weniger oder gar nicht fühlen würde, wenn er um seine Sünde sorgte; daß grade das leichtere Tragen dieser andern Bekümmerungen der Ausdruck für die wahre Sorge über die Sünde wäre. Vielleicht versteht er es nicht so, sondern wünscht vielmehr von seinen andern Bekümmerungen frei zu sein und dann allein über seine Sünde zu sorgen. Ach da versteht er kaum recht, was er begehrt, denn dann würde ihm die Sache wol eher gar zu streng werden. Denn wenn Gott im strengen Gericht die Sünde eines Menschen heimsuchen will, da macht er es zuweilen so, daß er gleichsam sagt: ich will diesen Menschen von jeder andern Sorge frei machen, Alles soll ihm lächeln, Alles sich ihm fügen, Alles glücken, was er anrührt – um so weniger soll es ihm glücken zu vergessen, um so stärker soll er vernehmen, was nagt. So ist die Entschuldigung nicht wahr, die man öfter hört, daß man wegen der andern Sorgen nicht recht um seine Sünde sorgen könne. Nein »die andern Sorgen« sind grade eine Gelegenheit um wahre Sorge über die Sünde auszudrücken, indem man die andern Sorgen leichter trägt; diese andern Sorgen sind keine Verschärfung sondern eine Linderung; dann bleibt kein Raum zum Verirren und Verlaufen, sondern man hat gleich eine Aufgabe, wie man die Sorge über die Sünde ausdrücken soll, nämlich so, daß man die andern Bekümmerungen geduldiger, demütiger und leichter trägt.

Und der Sünderin war Alles gleichgiltig geworden; alles Zeitliche, Irdische, Weltliche, Ehre, gute Tage, ihre Zukunft, die Verwandten, die Freunde, das Urteil der Menschen; und alle Sorgen, wie sie auch heißen mögen, die hat sie leicht getragen fast wie Nichts, denn sie beschäftigte in Bekümmerung nur Eins unbedingt: ihre Sünde. Um diese sorgte sie und nicht um deren Folgen; nicht um Schande, Unehre, Demütigung, nein, sie verwechselte die Krankheit nicht mit dem Heilmittel. Ach, wie selten ist ein Mensch, der, auch wenn es die Vergebung der Sünden gilt, willig wäre zu leiden, daß er vor Menschen ganz offenbar würde, daß sie ihm in seine Seele hineinschauen und jede geheime Schuld sehen könnten. Ach, wie selten wird wol Einer so unbedingt gleichgiltig. Dieselbe Schuld, um derenwillen er sich selbst verdammt und für welche er Gott um Vergebung bittet, dieselbe Schuld verbirgt er vielleicht so ängstlich, wie ein Geiziger seine Schätze, daß keiner sie sehen soll.

Der Sünderin dagegen war Alles gleichgiltig geworden. Es war ein Gastmahl und im Haus der Pharisäer. Sie konnte die ganze Welt durchwandern und gewiß sein nirgends ein so strenges Urteil zu finden wie dort. Dort erwartete sie die kalte Vornehmheit der Pharisäer oder ihr grausamer Spott – ja die Stelle war ja wie eine uneinnehmbare Festung, grade so befestigt, daß ihr Eindringen unmöglich war, wenn ihr nicht alles Andere wäre gleichgiltig gewesen. Eine andere Frau, die sich nicht bewußt war eine Sünderin zu sein, die also weniger Gefahr lief, hätte es vielleicht nie gewagt; sie wagte es, sie, der Alles gleichgiltig geworden war.

Und doch nein, es ist nicht ganz so, sie wagte es, weil ihr Eins unbedingt wichtig war, nämlich: Vergebung zu finden. Und die war darinnen zu finden – deshalb wagte sie es; dies trieb sie auf und zog sie vorwärts, aber daß ihr alles Andre gleichgiltig geworden war, das machte, daß sie selbst kaum merkte, wie schwer es war. »Das ist der Mut der Verzweiflung« wirst Du sagen. Ja, aber wahrlich, sie ist weit entfernt von Verzweiflung. Oder ist etwa der verzweifelt, dem Eins unbedingt wichtig ist, wenn dies Eine das unbedingt Wichtige ist! Sie hat die Kräfte der Verzweiflung; die machen sie gleichgiltig gegen Alles und stärker als allen Widerstand, so stark, daß sie vor Scham nicht ermattet, vor Spott nicht flieht. Aber sie, die diese Kräfte hat, ist nicht verzweifelt sondern *gläubig*. Und so tritt sie ein, gleichgiltig gegen alles Andere. Doch erregt diese ihre unbedingte Gleichgiltigkeit kein Aufsehen, keinen Lärm, denn sie ist eine Gläubige und deshalb so still, so bescheiden, so demütig, so unbemerklich in ihrer unendlichen Gleichgiltigkeit gegen Alles, so daß sie durch ihr Eintreten keine Aufmerksamkeit auf sich zieht. Es war ihr ja auch nicht im mindesten wichtig, ihre Gleichgiltigkeit gegen Alles zu zeigen, aber Eins was ihr unendlich wichtig: Vergebung zu finden. Doch wäre ihr dies Eine nicht in dem Grade wichtig gewesen, daß alles Andere ihr unbedingt gleichgiltig wurde, so hätte sie nicht den Weg in jenes Pharisäerhaus gefunden – wo sie dann Vergebung fand.

Demnächst kannst Du von der Sünderin lernen, was sie verstand, *daß sie selbst gar nichts zu thun vermag, um Vergebung zu finden.*

Sollen wir ihr ganzes Benehmen von Anfang bis zuletzt bezeichnen, so müssen wir sagen: sie thut gar nichts. Sie zögert nicht in jenes Haus zu gehen, wo sie den Erlöser und die Erlösung finden wollte, sie wartete nicht, bis sie sich würdig fühlte. Nein, dann wäre sie lange ausgeblieben und vielleicht niemals dahingekommen. Sie beschließt gleich zu gehen in ihrer Unwürdigkeit; grade das Gefühl ihrer Unwürdigkeit treibt sie; sie versteht, daß sie selbst nichts zu thun vermag. Kann dies stärker ausgedrückt werden als so, daß grade das Gefühl der Unwürdigkeit sie bestimmt?

So bereitet sie sich zu gehen – doch nicht auf das, was sie sagen will oder dergleichen, nein; sie kauft ein Alabastergefäß mit Salböl um es mitzunehmen. So befolgt sie das Wort der Schrift: »wenn Du fastest, so salbe Dein Haupt und wasche Dein Angesicht, daß nicht die Menschen Dich fasten sehen, aber Dein Vater, der im Verborgenen ist.« Festlich geht sie zum Gastmahl – wahrlich, wer sollte raten, was ihre Absicht war, oder was der Eintritt in jenes Haus für sie bedeutete! Doch sie versteht ganz, daß sie selbst gar nichts zu thun vermag. Anstatt sich vielleicht der Selbstplagerei hinzugeben, als würde sie damit Gott wohlgefälliger und käme ihm näher – statt dessen *verschwendet* sie (so nannte es Judas,) sie verschwendet leichtsinnig (wie der Selbstplager meint) was irdisch zur Festlichkeit gehört; sie nimmt ein Alabastergefäß mit Salböl mit sich, das zum Gastmahl paßt.

Sie tritt ein. Sie versteht ganz, daß sie selbst Nichts zu thun vermag. Sie ergeht sich daher nicht in leidenschaftlichen Selbstanklagen, als brächte sie dies der Erlösung näher, als machte sie dies Gott wohlgefälliger; sie übertreibt nicht, wahrlich, dessen soll sie Niemand beschuldigen können. Nein, sie thut gar nichts, sie schweigt – sie weint.

Sie weint. Vielleicht wird Einer sagen, so that sie doch Etwas. Nun ja, sie konnte die Thränen nicht zurückhalten. Doch wäre ihr der Gedanke gekommen, daß die Thränen aussehen könnten, als wollten sie etwas bedeuten, so hätte sie wol auch die Thränen zurückhalten können.

Also sie weint. Sie hat sich zu Jesu Füßen gesetzt; da sitzt sie weinend. Doch laß uns nicht die Festlichkeit vergessen, welche sie auch nicht vergaß, grade weil sie verstand, daß sie selbst gar nichts zu thun vermag, um Vergebung zu finden. Sie vergißt nicht die Festlichkeit, und auch nicht das Salböl, welches sie mitgenommen hat; sie versteht dies recht eigentlich als ihr Werk; sie salbt *Jesu* Füße mit Salböl und trocknet sie mit ihrem Haar und weint.

Kannst Du, wenn Du es nicht schon weißt, raten was dies Bild bedeutet? Ja, da sie nichts sagt, ist es in gewissem Sinn unmöglich; und für sie fließt es ja in Eins zusammen, das Salben seiner Füße, das zur Festlichkeit gehört, und das Weinen, das zu ganz Anderem gehört. Doch was es bedeutet, das geht ja auch keinen Andern an als sie, und sie versteht ganz, daß sie selbst gar nichts zu thun vermag, um Vergebung zu finden und dann Ihn, von dem sie ganz versteht, daß er Alles, Alles vermag.

So hört sie ihn mit den Gästen reden. Sie versteht ganz gut, daß er von ihr redet, da er von dem Unterschied der Schuldner redet, wie Einer fünfhundert Groschen schuldig ist, ein Anderer fünfzig, aber wie es auch billig ist, daß der Erste mehr liebt als der letzte, wenn Beide Vergebung finden. Sie versteht gut wie – ach – das Eine und wie – Gott sei Dank – auch das Andere auf sie paßt; aber sie versteht zugleich, daß sie selbst Nichts zu thun vermag. Sie mischt sich deshalb nicht in das Gespräch, sie schweigt und hält auch die Augen bei sich selbst oder bei dem Werk, das sie übt; sie salbt seine Füße, trocknet sie mit ihrem Haar und weint. O, mächtiger und wahrer Ausdruck dafür, daß sie Nichts vermag. Sie ist wie abwesend, obschon sie gegenwärtig ist, ja obschon sie es ist, von der die Rede ist.

Obschon sie gegenwärtig ist, ist es als wäre sie abwesend, es ist, als verwandelte er sie in ein Bild, in eine Parabel, als sagte Er: Simon, ich habe Dir etwas zu sagen: Es war einmal ein Weib, die war eine Sünderin. Da des Menschen Sohn eines Tages zu Tische saß im Hause eines Pharisäers, kam auch sie hinein. Die Pharisäer spotteten über sie und richteten sie, daß sie eine Sünderin sei. Aber sie setzte sich zu seinen Füßen, salbte sie mit Salböl, trocknete sie mit ihrem Haar und küßte sie und weinte – Simon, ich will Dir etwas sagen: ihr wurden ihre vielen Sünden vergeben, denn sie hat viel geliebt. Es ist fast wie eine heilige Erzählung – und doch geschieht in demselben Augenblicke dasselbe wirklich.

Sie hört die Worte: »denn sie hat viel geliebt« aber die verstören sie nicht: sie meint wol eher zu hören, daß Er viel geliebt habe, daß er von *seiner* Liebe rede und davon, daß ihre vielen Sünden vergeben werden, weil er so unendlich liebt. Das kann sie herrlich verstehen; es ist als könnte sie selbst es sagen.

Dann spricht er auch zu ihr: »Dein Glaube hat Dir geholfen, gehe hin in Frieden.« So geht sie wieder heim, eine stumme Person in diesem Auftritt. Wer sollte raten, was dieser Gang für sie bedeutet hat, dieser Gang, da sie dorthin ging mit Sünden und Sorgen und da sie hinwegging mit Vergebung und Freude.

Also was thut dieses Weib, von dem wir lernen sollen? Nichts! sie thut gar nichts; sie übt die hohe und seltene und äußerst schwierige, echt weibliche Kunst: gar nichts zu thun, oder zu verstehen, daß man selbst gar nichts thun kann, um Vergebung zu finden. »Wie leicht!« ja, wenn nicht grade in der Leichtigkeit die Schwierigkeit läge. Einer erobert Städte und gilt für groß, aber größer ist, wer sich selbst überwindet; Einer setzt Alles in Bewegung um doch selbst etwas zu thun und erregt Aufsehen, aber wahrlich, größer ist vor Gott, wenn es sich um Vergebung der Sünde handelt, wer ganz stille bleiben kann, um gottesfürchtig Gott Alles thun zu lassen, indem er versteht, daß er in dieser Hinsicht selbst gar nichts zu thun vermag, da Alles, Alles, was der Mensch zu thun vermag, und wäre es das Herrlichste und Erstaunlichste, in dieser Hinsicht unendlich Nichts ist. Denn so ist es ja; auch wenn es etwas, menschlich geredet wirklich Gutes wäre, es trägt doch nicht das Mindeste auch nicht in entferntester Weise bei zur Erwerbung der Sündenvergebung, da es vielmehr in eine neue Schuld bringt, in die Schuld der Dankbarkeit für die unendliche Gnade, die obenein dies glücken ließ. Nein, bei Erwerbung der Vergebung der Sünden oder *vor Gott* vermag der Mensch gar nichts; wie sollte das auch möglich sein, da er ja auch im Geringsten nichts vermag außer *durch* Gott.

Endlich lernen wir von der Sünderin – zwar nicht direct von ihr, aber indem wir unsere Stellung mit ihr vergleichen – *daß wir einen Trost haben, den sie nicht hatte.*

Vielleicht möchte Jemand sagen, ja sie hatte es leicht die Vergebung ihrer Sünde zu glauben, sie hörte es ja aus Christi eigenem Munde. Daß ein Wort von ihm für alle Ewigkeit heilt – wie muß sie das nicht vernommen und empfunden haben, da sie das heilende Wort aus seinem eignen Munde hörte!

An diesem Punkte herrscht allerdings ein allgemeines Mißverständnis, daß man von der Einbildung betrogen sich die Sache nicht recht gegenwärtig macht, und daher vergißt, daß Gleichzeitigkeit mit Christus grade in einem Sinn das Glauben am schwierigsten machte. Aber freilich, wer dann trotz der Gefahren und Schwierigkeiten wirklich glaubte, der hatte auch vor jedem Späteren den Vorzug, das Wort aus Christi eigenem Munde zu hören, nicht so wie wir es im Allgemeinen lesen, daß in Christus Vergebung der Sünde ist, sondern er hörte es von Christus zu sich selbst gesagt, so daß kein Zweifel war: es gilt mir, ich bin gemeint, ich habe meiner Sünden gnadenvolle Vergebung – so wenig wie ein Zweifel daran sein konnte, daß es Jesu eignes Wort war.

Aber dann hat die Sache wieder eine andere Seite. Es giebt einen Trost, der noch nicht da war, während Christus lebte, den er also selbst nicht darbieten konnte: den Trost aus seinem Tode als der Versöhnung, als dem Pfand dafür, daß die Sünden erlassen sind. Während seines Lebens auf Erden ist Christus für seine Zeitgenossen wesentlich das Vorbild, obgleich er der Erlöser ist, und obgleich sein Leben schon Leiden ist, so daß man sagen kann, er trug auch in seinem Leben die Sünden der Welt; aber im Vordergrunde steht, daß er das Vorbild ist. Und das Christentum ist keine Lehre, bei der es gleichgiltig ist, wer sie verkündigt hat; es liegt grade der Nachdruck darauf, wer der Verkündiger ist und wie wahr sein Leben die Lehre ausdrückt. Daher zeigte sich auch, daß wenn Christus das Christentum verkündigt und als Vorbild dasteht, so kann es kein Mensch ganz mit ihm aushalten, sie fallen ab, selbst die Apostel.

Aber dann stirbt er und sein Tod verändert Alles unendlich. Nicht als verwischte sein Tod seine Bedeutung als Vorbild, nein, aber sein Tod wird der unendliche Trost, der unendliche Vorschuß, mit dem man nun zu streben beginnt. Daß unendliche Genugthuung geleistet ist, daß dem Zweifelnden, dem Verzagenden das höchste Unterpfand geboten wird – unmöglich ist etwas zuverlässigeres zu denken! Daß Christus gestorben ist um ihn zu retten, daß Christi Tod die Versöhnung, die Genugthuung ist! Diesen Trost hatte die Sünderin nicht. Sie hörte aus seinem eigenen Munde, daß ihre vielen Sünden ihr vergeben waren, das ist wahr, aber sie hatte nicht seinen Tod zu ihrem Trost, wie die Späteren. Denkst Du Dir die Sünderin in einem späteren Augenblick vom Zweifel angefochten, ob ihr nun wirklich ihre vielen Sünden erlassen sind, da würde sie, wenn sie es nicht wieder von ihm selbst hören könnte, Ruhe finden, indem sie Christus gleichsam sagen hörte: glaube es doch, Du hast es ja aus meinem eigenen Munde gehört. Wird dagegen Einer, der viele Jahrhunderte nach Christus lebt, von dem Zweifel angefochten, ob auch ihm seine Sünden vergeben sind, so wird er Trost finden indem er Christus gleichsam sagen hört: glaube es doch, ich habe ja mein Leben gelassen, um Dir die Vergebung Deiner Sünden zu erwerben; so glaube es doch, eine stärkere Versicherung ist unmöglich. Zu seinen Zeitgenossen kann Jesus nur sagen: ich will mich hingeben als ein Opfer für die Sünde der Welt, auch für die Deine. Ist dies nun leichter zu glauben, als wenn er es gethan *hat*, als wenn er sich hingegeben *hat*? Keine Liebe ist größer als die, welche ihr Leben hingiebt für einen Andern; aber wenn ist dies am leichtesten zu glauben und wenn ist der Trost am größesten? wenn er sagt: ich will es thun – oder wenn er es gethan hat? Nein, erst wenn Christus sich geopfert hat als Opfer der Versöhnung, erst da ist der Zweifel an der Vergebung der Sünden so unmöglich gemacht, ja so unmöglich, wie es geschehen kann, denn dieser Trost ist nur für den Glauben.

Außer für die Übersetzung mit ihren Kürzungen trage ich auch die Verantwortung für die Zusammenstellung, insbesondere dafür, daß die Rede über die Sünderin der ursprünglichen Sammlung vertauscht ist mit der etwas späteren »erbaulichen Rede« vom 12. Dec. 1850, wobei diese jedoch durch einige Sätze aus jener ergänzt ist. Sie ist von Kierkegaard nicht Beichtrede genannt, trägt auch nicht das Gepräge einer solchen – doch schien sie geeigneter diese kleine Sammlung abzurunden. Da die dritte Rede der ersten Abteilung an der Sorge über die Sünde vorübergeht als an zu Schwerem, mag die abschließende Rede grade von dieser Sorge sprechen. »Von der Kanzel soll wesentlich Christi *Leben* verkündigt werden, aber bei dem Altare sein *Tod*« – so thut ja auch diese Rede; sie redet von Christi Tod zu denen, die ihre Schuld sahen, da sie auf sein *Leben* achteten - oder da sie auf Lilie und Vogel achteten, die doch nur sinnbildlich einen Teil von dem ausdrücken, was *sein* Leben predigt.

Halberstadt, Karfreitag 1885.

A. B.

 tredition®

Über tredition

Eigenes Buch veröffentlichen

tredition wurde 2006 in Hamburg gegründet und hat seither mehrere tausend Buchtitel veröffentlicht. Autoren veröffentlichen in wenigen leichten Schritten gedruckte Bücher, e-Books und audio-Books. tredition hat das Ziel, die beste und fairste Veröffentlichungsmöglichkeit für Autoren zu bieten.

tredition wurde mit der Erkenntnis gegründet, dass nur etwa jedes 200. bei Verlagen eingereichte Manuskript veröffentlicht wird. Dabei hat jedes Buch seinen Markt, also seine Leser. tredition sorgt dafür, dass für jedes Buch die Leserschaft auch erreicht wird.

Im einzigartigen Literatur-Netzwerk von tredition bieten zahlreiche Literatur-Partner (das sind Lektoren, Übersetzer, Hörbuchsprecher und Illustratoren) ihre Dienstleistung an, um Manuskripte zu verbessern oder die Vielfalt zu erhöhen. Autoren vereinbaren direkt mit den Literatur-Partnern die Konditionen ihrer Zusammenarbeit und partizipieren gemeinsam am Erfolg des Buches.

Das gesamte Verlagsprogramm von tredition ist bei allen stationären Buchhandlungen und Online-Buchhändlern wie z. B. Amazon erhältlich. e-Books stehen bei den führenden Online-Portalen (z. B. iBookstore von Apple oder Kindle von Amazon) zum Verkauf.

Einfach leicht ein Buch veröffentlichen: **www.tredition.de**

Eigene Buchreihe oder eigenen Verlag gründen

Seit 2009 bietet tredition sein Verlagskonzept auch als sogenanntes "White-Label" an. Das bedeutet, dass andere Unternehmen, Institutionen und Personen risikofrei und unkompliziert selbst zum Herausgeber von Büchern und Buchreihen unter eigener Marke werden können. tredition übernimmt dabei das komplette Herstellungs- und Distributionsrisiko.

Zahlreiche Zeitschriften-, Zeitungs- und Buchverlage, Universitäten, Forschungseinrichtungen u.v.m. nutzen diese Dienstleistung von tredition, um unter eigener Marke ohne Risiko Bücher zu verlegen.

Alle Informationen im Internet: **www.tredition.de/fuer-verlage**

tredition wurde mit mehreren Innovationspreisen ausgezeichnet, u. a. mit dem Webfuture Award und dem Innovationspreis der Buch Digitale.

tredition ist Mitglied im Börsenverein des Deutschen Buchhandels.

Dieses Werk elektronisch lesen

Dieses Werk ist Teil der Gutenberg-DE Edition DVD. Diese enthält das komplette Archiv des Projekt Gutenberg-DE. Die DVD ist im Internet erhältlich auf **http://gutenbergshop.abc.de**

Zeitfracht Medien GmbH
Ferdinand-Jühlke-Straße 7
99095 Erfurt, Deutschland
produktsicherheit@kolibri360.de